わかる！ 安心！ 自信がもてる！

保育・教育実習
完全サポートブック

Houkawa Masako
著 寳川 雅子

中央法規

はじめに

　保育実習（教育実習）の話題になると、学生から「不安」「怖い」「緊張する」「どうしていいのかわからない」「日誌が書けない」「失敗したらどうしよう」といった想いが届いてきます。

　近頃では、少子化・核家族化等の社会的背景もあり、実習を行うまで乳幼児と触れあったことがない、赤ちゃんを抱っこしたことがない人も少なくありません。これまでの人生で体験したことがないことを実習で体験するわけですし、免許・資格取得の訓練の場でもあるわけですから、不安や緊張などの気持ちを抱くのも無理はありません。しかし、不安や緊張を感じるということは、それだけ皆さんが実習に対して責任と自覚をもっている表れでもあるのです。

　本書は、皆さんが初めて向かう実習への不安が少しでも軽減でき、期待と意欲をもって実習に臨める助けになることを願って製作しました。この本では、実習開始前から実習終了までの流れを追って学ぶことができます。大切にしてほしい部分は、場面を変えて何度も伝えています。また、配慮をしてほしい事柄については、その理由も詳しく述べるように心がけました。

　本書の最大の特色は、先輩実習生や、実際に実習を受け入れている施設の方々の協力をいただき、養成する立場、実習生としての立場、実習を受け入れる立場、三者それぞれの視点・観点から実習について述べていることです。このおかげで、実習へのイメージが具体的になり、心構えの役に立つものとなっています。

　私もかつては実習生でした。ある2歳の女の子の洋服のボタン止めを手伝おうとしたら拒否されてしまったことがあります。女の子は、自分で止めたかったのです。自分でやり遂げた時の表情、満面に笑みをうかべて「できた！」と伝えてくれた表情は、何十年も経った今も忘れていません。私は、この女の子から、どんなに小さな子どもでも意志があること、それを尊重することの大切さを教わったのです。

　完璧な人間はいません。人は、失敗をくり返しながら学び、人として成長していきます。失敗することをはじめから恐れないでください。ちょっとの勇気と微笑みをもって実習に行きましょう。将来、保育者となる皆さんを、子どもたちが待っています！

Contents

はじめに

序　章　＜導入編＞実習とは

実習ってこんなにためになります！〜保育・教育実習で学ぶこと〜 2

学ぶことで子どもの存在がぐんと近くなります！〜子どもの育ちを確認しよう〜 8

第1章　＜実習前＞実習に行く前

第1段階　基礎知識習得編

イメージが膨らんでやる気アップ！〜実習先を知ろう〜 16

保育者としての基礎知識。知っておいて損はありません！〜保育の方法を知ろう〜 20

実習の参加方法を知って、初日から楽々スタート！〜実習の種類を学ぼう〜 24

目標が決まると実習での視点が定まります！〜実習の目標を決めよう〜 28

トラブル多発！現代においてとても重要な知識です！〜実習に備えて知っておこう（ルール）〜 32

子どもの生活がイメージできますか？〜実習先の1日〜 36

第2段階　実践ウォーミングアップ編

ここから実習が始まっています。相手の立場を考えた行動を！〜オリエンテーションの依頼をしよう〜 40

電話はことばづかいが命です！〜電話でのことばのつかい方〜 44

初めての出会いを大切に！〜事前オリエンテーションに参加しよう〜 48

〈確認しよう！　身支度・持ち物チェックリスト〉 55

この準備から保育が始まっています！〜実習に備えて用意しよう（持ち物）〜 ……… 56

保育者としての自覚が芽生えます！〜実習に備えて準備しよう（スキル）〜 ……………… 62

第2章　＜実習開始＞実習初日

社会人としてふさわしい身だしなみは？〜通勤時のスタイルで気をつけること〜 ……… 70

　〈確認しよう！　身支度・持ち物・身だしなみチェックリスト〉……………………… 72

身だしなみは誰のため？〜実習中のスタイルで気をつけること〜 ……………………… 74

ことばや立ち居振る舞いは人柄を表します！〜実習生（社会人）としての心がけ〜 …… 78

　〈確認しよう！　行動チェックリスト〉………………………………………………… 85

実習生としてどのように出会いますか？〜担当保育者との出会い〜 …………………… 86

はじめの一歩が大切！初めての保育室にどのように入りますか？〜子どもとの出会い〜 … 90

保護者に実習生であることを知ってもらいましょう！〜保護者との出会い〜 ………… 94

ことば、掲示、写真…自己紹介にもさまざまな手段があります！〜自己紹介〜 ……… 98

受け入れ先が望む実習生の姿〜実習先が実習生に心がけてほしいと思うこと〜 ……… 102

第3章　＜実習期間中＞実習期間

実践の場は、学びの宝庫！〜子どもから学ぶ〜 ………………………………………… 108

先輩の姿をお手本に！〜保育者から学ぶ〜 ……………………………………………… 112

保護者はどのような思いで子どもを預けているのでしょう？〜保護者から学ぶ〜 …… 116
環境整備は、子どもの生活の足跡です！〜環境の整備を通して保育を学ぶ〜 …… 122
さまざまな記録の方法を知り、そのポイントをつかもう！〜実習日誌を書こう（記録を通して保育を振り返る）〜 …… 126
「計画〜立案〜実践〜反省」の繰り返しがあなたを育ててくれます！〜指導案を作成しよう〜 …… 138
実習先は、実習生の応援団！〜実習先が望んでいる実習生の姿〜 …… 144
〈確認しよう！　行動チェックリスト〉 …… 150

第4章　＜実習期間終了＞実習最終日〜実習後

お別れのとき、あなたの気持ちをどのように伝えますか？〜別れの挨拶をしよう〜 …… 152
実習で学んださまざまなことを自分のことばで伝えましょう！〜お礼状を書こう〜 …… 156
今後に向けて始動！〜実習を振り返ろう〜 …… 160

おわりに

序章

＜導入編＞
実習とは

実習ってこんなにためになります！
～保育・教育実習で学ぶこと～

　将来は、保育士として働きたい！　幼稚園の先生として働きたい！　と目標をもっている皆さんは、保育実習、教育実習を行うことになります。保育士資格の取得を希望しているならば、保育所（場合によっては児童館）での実習2回と居住型施設での実習1回を行うことになるでしょう。また、幼稚園教諭免許の取得を目指しているならば、およそ1か月間、幼稚園で実習を行うことになります。こうして考えてみると、免許や資格を取得することは簡単なことではないことがわかります。

　これから実習を行う皆さんは、現在、学校で学んでいるさまざまな事柄を基礎として、実習先で実践を行います。保育士や幼稚園教諭は、人生の基礎を培う時期に子どもとかかわるため、その後の子どもの育ちにも影響を及ぼす素晴らしい職業なのです。

実習で何を学ぶのか（保育所・幼稚園・居住型）

　さて、実習を通して何を学びたいと考えていますか？　なかには、初めての実習ですべてが不安と感じている人もいることでしょう。実習を終えた学生の話を聞いてみると、この、どうすることもできない不安も、実習で学ぶべき内容が見えてくると少し軽減できるようです。

　例として、「実習で、こんなことを学んでくると役に立つよ」という内容を、いくつか紹介してみましょう。

実習先の施設の役割について学ぼう

1つ目

　保育所や幼稚園、乳児院や児童養護施設などの居住型施設など、各施設にはそれぞれの役割があります。自分が実習を行う施設にはどのような役割があるのかを学ぶことが、その施設を理解する第一歩につながります。

学生のコメント①

保育所には、契約している子どもしかいないと思っていました。園庭解放日などがあって、地域の働いていないお母さんや赤ちゃんも時々保育園に来て遊んでいることを初めて知りました。

学生のコメント②

幼稚園の実習に行って、幼稚園でも預かり保育をしていることを知りました。また、お母さんが仕事をしている子どもも幼稚園に通っていることを知ることができました。

学生のコメント③

児童養護施設で実習をしました。施設のことは授業で少し学んでいましたが、小学生や中高生も生活しているようなので、どのようにしたらよいのか不安でした。でも、担当してくれた職員の方や子どもたちと毎日生活するうちに、相手のことを考えてかかわることの大切さや楽しさを学べました。実習最終日に中学生の子から「気をつけて帰れよ」と声をかけられた時には涙が出そうになりました。

2つ目　保育士・幼稚園教諭の仕事について学ぼう

　実習では、毎日、保育実践を学ぶことができます。保育者のそばで観察し、学ぶことは、学校の授業では経験できない貴重なことです。また、保育者の仕事内容についても身近で学ぶことができます。仕事内容について学ぶためには、皆さんも実習先でタイミングをみて先輩保育者に質問をしたり、指示を仰ぐなど、**自分から**学ぼうとする姿勢が大切ですね。

学生のコメント④

保育士は、子どもとかかわることだけが仕事だと思っていました。実習に行って、子どもとかかわるほかにも、環境整備や記録などたくさんの仕事があることを知りました。保育士さんたちは一見優しそうで、いつも笑顔でいるので、そんなにたくさんのことを行っているようには見えませんでしたが、実はたくさんのことを笑顔でこなしているのを知って、すごいなぁと思いました。

3つ目　子どもについて学ぼう

　実習先には、各施設の特徴に応じてさまざまな子どもが通っていたり、生活をしていたりします。例えば、初めての保育所実習ならば、各年齢に応じた子どもの育ちの様子を学ぶことができると思います。実習先で出会った子どもに**心を向けて**かかわってみると、子どもの気持ちや考え、本来の姿が見えてきます。新たな発見の連続で、とても楽しいです。ぜひ、**子どもから学ぼう**とする姿勢を心がけてかかわってみてください。

序章 導入編 実習とは

実習エピソード 心を向けて初めてわかる子どもの世界

　4歳の女の子たちとおままごとをして遊んでいた時のことです。役割を決めていたので、「先生はお母さん役になりたいな」と言ってみました。すると、Aちゃんに、「先生、何歳？」と尋ねられました。「19歳だよ」と返事をすると、「それじゃあ、まだ子どもだね。お母さん役にはなれないね」と、お母さん役をあっさり却下されてしまいました。一瞬驚きましたが、子どもの世界を垣間見た気がして思わずかわいらしくて微笑んでしまいました。

　このエピソードは、子どもと心を向きあわせて遊んだからこそ、初めて知ることのできた意外な子どもの一面ですね。

　実習は、皆さんが近い将来、現場で保育者として活躍するためのトレーニング期間です。これまで学校で学んできた事柄をもとに、保育者となり、実際に子どもや保護者とかかわるための実践的学びを深める絶好の機会なのです。実習に行くにあたっては、紹介した3つの視点だけにとどまらず、皆さん自身が「こんなことを学びたいなぁ」という目的をもつと、実習が楽しみに感じられてくるでしょう。

　最近は、失敗を恐れるあまり、どうしても受け身の姿勢を崩せない人もいます。保育には答えがありません。答えがないから保育者は毎日成長していく子どもを前に、悩み、戸惑い、反省を欠かさないのです。これから実習を行う皆さんは、保育者としてのスタート地点に立つのですから、たくさん戸惑って、失敗をして、反省をして、アドバイスをもらってください。その経験こそが皆さんの糧となり、子どもに好かれる保育者へと成長させてくれるはずです。

先輩たちは、実習前、このようなことを学びたいと考えていました。そして実習を終え、学んだこともたくさんあったようです。

「こんなことを学びたいなぁ」の例

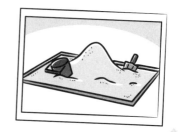

実習中、一度でもよいので、絵本の読み聞かせをさせてもらい、自分がどれぐらいできるのかを試したい。

私は、これまで小さな子どもとかかわった経験がほとんどないので、今回の実習では、まず、さまざまな年齢の子どもとかかわり、育ちの様子や遊びの様子など基本的なことから学びたい。

私はすぐに緊張してしまうタイプなので、保育の基本でもある笑顔を心がけて子どもとかかわりたい。そして、保育に慣れるように自分からも積極的にかかわりたい。

中高生時代、授業で保育ボランティアをしました。でも、0歳や1歳のような小さな子どもとはかかわれなかったので、今回は低年齢児とかかわって学びたいです。

性格的に自分から質問したり、積極的に行動するタイプではありません。実習に行ったら、少しでも自分から質問して、動けるように意識します。

保育士さんが子どもとかかわる時どのようなことばをかけているのか学んで、私も子どもと気持ちが通じあえるようなことばかけをしたい。

子どもたちと遊べることが楽しみなのはもちろんですが、記録をすることが苦手なので、日誌の書き方も少しずつ成長できるようにしていきたいです。

実習を終えた先輩たちの声

実習に行くまでは、何でも不安。でも、実習が始まって子どもと会ったら「子どもってかわいいなぁ」と思え、長いと思っていた実習があっという間に過ぎてしまいました。

初めてのことだらけで、不安すぎて行きたくないと思っていました。事前オリエンテーションで実習先を訪問し、園内を案内してもらったり、園長先生とお話ができたことで様子がわかり、安心しました。

実習が始まるまでは、子どもとどうやってかかわってよいのかわからずプレッシャーがありました。実習に行くと、子どもたちから「遊ぼう」と声をかけてくれて、初日から一緒に仲よく遊べました。

私の実習先の先生方は、とても雰囲気がよく、園全体も居心地がよかったです。私もここの先生方のような保育者になりたいなぁと思いました。目標になる保育者と出会えてよかったです。

実習をさせていただいて、私自身の考え方が幼く、甘いと感じました。実習先の先生方は、笑顔でたくさんのことを同時にこなしていました。私にまで声をかけてくれて、よく気をつかってくださいました。もっと保育者になる意識をもって過ごそうと思いました。

学ぶことで子どもの存在が
ぐんと近くなります！
〜子どもの育ちを確認しよう〜

　実習先は初めての場所で、初めて出会う子どもたちとどのようにかかわったらよいのかわからないと、不安を感じていることはありませんか？　ここでは、漠然とした不安を払拭するために、子どもの育ちをひとつの柱とし、子どもの育ちに応じたかかわりを紹介します。子どもとのかかわりに不安を感じたら、参考にしてください。きっと役立ちます。

Point!
"○歳だから〜ができる"という見方ではなく、"○○ができるようになったから次は○○ができるようになるかな"と、育ちの道すじのなかで子どもを見ていきましょう。

✿ 0歳から1歳ぐらいまでの赤ちゃん（乳児）

🦆 こんな育ちを歩んでいます

人とふれあう

- ♥ みつめあう
- ♥ 微笑みかけられたり、語りかけられたりすることを喜ぶ
- ♥ だっこされたり、あやし遊びを喜ぶ
- ♥ 指先を使ってつまもうとする
- ♥ 歩き始める子もいる
- ♥ ことば（マンマ・イヤイヤなど）を話すようになる

周りのものを見たり聞いたりする
- 音の出るおもちゃを振ってみる
- 語りかけたり、歌ったりすると喜ぶ

物にかかわっていく感触を楽しむ
- 腹ばいで手を出して触ろうとする
- いじる、なめる、触る

大人とやりとりして遊ぶ
- いないいないばあ
- 布を使い、ぬいぐるみや、大人が隠れたりするのを喜ぶ
- くすぐり遊びを好む

さわって・いじって・ためして遊ぶ
- 引っ張り出してみる
- 落としてみる、入れてみる、回してみる、鳴らしてみる

指先を使った遊びを楽しむ
- 握ったり、打ち合わせて遊ぶ
- 物を出し入れする
- 落とす
- ボールを転がす
- 音を出して遊ぶ

全身を使って楽しむ

- 行きたいところへどんどん行こうとする
- トンネルをくぐる
- すべり台を喜ぶ
- 大きな箱を押して歩く
- おもちゃを引っ張り出して遊ぶ

赤ちゃんは…

ことばはまだしゃべれませんが、目や手や表情で気持ちを表しています。

あなたが柔らかい笑顔で見つめると、にっこり笑ってくれるかもしれません。そしたらまたにっこり笑ってあげましょう。

赤ちゃんとあなたとの間にちょっぴりコミュニケーションが生まれたら、それはとても素敵なことですね。きっとどんどん仲よくなれることでしょう。

観察してみましょう

赤ちゃんが何か新しいことを見たり、やろうと思った時、必ずお母さんのほうを振り返って、目と目をぱちんと合わせ「だいじょうぶかな？」と確認しています。そして、お母さんは「だいじょうぶよ」と優しい目で赤ちゃんに答えています。実習のなかでもこのような場面に出会えると、赤ちゃんに信頼されているしるしです。

やってみましょう

- 笑顔で優しく語りかけてください。大きな声を出すと、赤ちゃんはびっくりしてしまいます。
- 赤ちゃんの目線とあなたの目線を合わせた姿勢でかかわってみましょう。
- 赤ちゃんが泣いてしまったら、少し待ってあげてください。
- 名前を呼んであげることもよいことです。
- 仲よくなれたら、赤ちゃんに優しくさわってみましょう。

1歳から2歳ぐらいまで（低年齢児）

こんな育ちを歩んでいます

1歳頃

- 歩き始める
- 指先をつかって遊ぶ
- 親しみをもった大人を見ると喜ぶ
- 知っているものや場所がわかり、大人に伝えようとする
- 子どものなかに混ざって1人で機嫌よく遊ぶ
- 大人の顔色をうかがいながらイタズラをする
- いけないことを、ふざけてわざとする
- 大人のしぐさの真似をする
- 相手に思いを伝えようとする
- 困った時は助けを求める
- ことばを使う（ちょうだい・ヤダなど）

2歳頃

- 両足でぴょんぴょん跳ぶ
- ぶら下がる
- 三輪車がこげるようになってくる
- 指先が使えるようになる（ボタンを外す・靴を脱ぐなど）
- 簡単な話を楽しめるようになる
- 友だちと手をつないで散歩を楽しむ
- したいこと、してほしいことをことばで相手に伝える

観察してみましょう

1歳頃
どんなふうに歩いているのかな？
どこに向かって進もうとしているのかな？
どんな方法で何を伝えようとしているのかな？

2歳頃
「ヤダ」「自分でやる」というやり取りの場面で、保育者はどんなふうにかかわっているのかな？
生活のまねっこままごとの場面に出会えるかな？

🐤 やってみましょう

　子どもの目の高さに立って、ニコニコ笑いかけてみましょう。子どもと仲よくなれるかもしれません。小さくても、自分から何かを発信しています。

🌸 3歳から5歳ぐらいまで（幼児）

🐤 こんな育ちを歩んでいます

3・4歳頃

- 💗 「なぜ？」「どうして？」という質問が盛んになる
- 💗 生活の決まりがわかるようになる
- 💗 順番が待てるようになる
- 💗 大人の生活の真似をして、ごっこ遊びを楽しむようになる
- 💗 身の回りのことができるようになる
- 💗 指先が発達し、箸やはさみを使えるようになる

4・5歳頃

- 💗 片足跳びができるようになる
- 💗 ボタンを1人ではめたり外したりする
- 💗 経験したことを友だちや親しい大人に話す
- 💗 友だちと一緒にごっこ遊びを楽しむ
- 💗 スキップができるようになる
- 💗 じゃんけんの勝ち負けがわかる
- 💗 文字に興味をもつ
- 💗 簡単なルールのある遊びを楽しむ

5・6歳頃

- 💗 走る、止まるといった運動ができるようになる
- 💗 友だちと共感して遊ぶ
- 💗 生活のルールがわかり、守ろうとする
- 💗 気持ちに折り合いをつけて遊べる
- 💗 目標に向かって皆で取り組もうとする
- 💗 友だちと一緒にイメージを膨らませながら話を楽しむ

観察してみましょう

どんな遊びをしているのかな？
どんな会話をしているのかな？
どんなふうに友だちができてくるのかな？
目の前のこの子は、今、どんな気持ちでいるのかな？

やってみましょう

初対面の子どもたちとどのようにしたら仲よくなれるでしょう？　あなたの心のアンテナを使って、心も体もその子に「寄り添って」みましょう。

こんな場面に出会ったら

ケンカ

　実習生がどのようにかかわったらよいのか悩む場面の1つです。必ずしも、「ごめんね」と言わせ、形式的に仲直りさせることがよいとは限りません。大切なことは子ども同士の気持ちを保育者が引き出し、お互いの想いを知ることができるようなかかわりをもつことです。

　子ども同士お互いの想いがわかると、そこからどうすることがよいのか子どもと一緒に考えていけます。形式的な解決をすることよりも、目の前の出来事に、保育者がしっかりと向き合っている姿勢を示すことのほうが子どもにとって不満が残らないでしょう。

Point! 乳幼児とかかわる時に大きな声は必要ありません。普通の話し声でOK！

資料：横浜市立保育所「よこはまの保育」

第 1 章

<実習前>
実習に行く前

第 1 段階 基礎知識習得編

イメージが膨らんでやる気アップ！
～実習先を知ろう～

　保育士の資格を取得するためには、保育所（保育所機能をもつ幼保連携型認定こども園を含める）のほかに、児童福祉施設等で実習を行う必要があります。保育士の資格は、さまざまな児童福祉施設等で活かせるのです。

　なお、幼稚園教諭免許を取得するためには幼稚園（幼稚園機能をもつ幼保連携型認定こども園を含める）での実習を行います。

　ここでは、主な施設の特徴を簡単に紹介します。少し堅い内容ですが、実習先の基本的な概要を知るためにも、各施設について情報を得ることに損はありません。

✳ 保育士資格を取得するための主な実習先となる児童福祉施設

● 乳児院

　さまざまな事情によって家庭で生活できない、主に0歳から2歳の乳幼児を預かり、家庭に代わって養育を行う施設です。乳幼児は、24時間乳児院で生活をします。事情がある場合は、小学校入学まで預かることもあります。

● 母子生活支援施設

　18歳未満の子どもを養育している母子家庭、またはこれに準ずる事情のある人が、さまざまな問題のために子育てを十分に行えない場合に、子どもとともに利用できる施設です。

● 保育所

　共働きなどの理由により、保育を必要としている乳幼児を預かり、保護者に代わって保育を行う施設です。産休明けから小学校入学前までの子どもを預かることができます。

- **幼保連携型認定こども園**
　幼稚園の機能と保育所の機能を併せ持った施設です。教育と保育を一体的に行います。
- **児童厚生施設**
　児童館や児童遊園が児童厚生施設です。実習を行う場合は、児童館に配属されることがほとんどです。児童館は、0歳から18歳までの児童のための児童福祉施設です。遊び場や遊びを提供し、遊びを通して児童の心身の育ちをサポートします。
- **児童養護施設**
　虐待などのさまざまな事情により、家庭で生活をすることが困難な18歳までの児童が生活する施設です。乳児の場合は乳児院に措置されます。小学校や中学校などへも、ここから通学します。
- **障害児入所施設**
　福祉型と医療型があります。いずれも障害児が生活をしている施設です。医療型は、日常生活の指導などに加えて治療も行います。
- **児童発達支援センター（＊条件あり）**
　福祉型と医療型があります。どちらも、日々、家庭から通ってくる施設です。日常生活の基本的な動作の指導や集団生活に適応できるための訓練などを行う施設ですが、医療型では治療も行います。実習としては、主に児童発達支援及び医療型児童発達支援で行います。
- **情緒障害児短期治療施設**
　軽度の情緒障害（心理的、環境的に不適応を示している状態）のある児童が短期間入所、あるいは家庭から通い、情緒障害を治す施設です。
- **児童自立支援施設**
　不良行為を行った児童、あるいは不良行為を行う恐れのある児童が入所、または通所している施設です。生活指導を行ったり、各児童の状況に応じて必要な指導を行い、自立に向けた支援を行っています。
- **その他の施設**
　障害者支援施設や指定障害福祉サービス事業所（生

活介護、自立訓練、就労移行支援または就労継続支援を行うものに限る)、児童相談所一時保護施設または独立行政法人国立重度知的障害者総合施設のぞみの園等でも実習が行えます。

　なお、実習施設に関しては、厚生労働省で定められています。最新の情報については、皆さん自身で調べてみましょう。

幼稚園教諭免許を取得するための実習先

幼稚園

　幼稚園は、学校教育法第22条に定められた施設です。幼稚園の目的は、幼児を保育し、適当な環境を与えてその心身の発達を助長することにあります。対象は、満3歳から小学校入学までの幼児です。保育時間は4時間を標準とします。

幼保連携型認定こども園（再掲）

　先に紹介した幼保連携型認定こども園も、幼稚園教諭免許取得のための実習先になります。ただし、幼稚園教諭のためですから、実習は3歳児以上のクラスになるでしょう。

保育所や幼稚園以外の施設はまったくわからなくてとても不安…

　保育所や幼稚園は、中学校や高等学校の職業体験やボランティアなどに行き、少しは様子がわかっているから大丈夫。でもそれ以外の施設は、初めて聞いたり、授業で習った程度で、どのようなところなのかまったくわからない。実習に行くのに不安ばかりが募ってしまうという人はいませんか？

保育の視点は同じです

　実は、どのような施設で実習を行っても、基本的な保育の視点は同じなのです。そ

れは、皆さんが接する子ども（0歳から18歳まで）一人ひとりの気持ちを理解しようとする姿勢を崩さないことです。今、相手がどうしてほしいのか、自分はどうすることが相手にとって望ましいのかを考えてかかわることを忘れないでください。実習生として、実習先の環境に慣れたり、周囲に配慮をしたりと、心身ともに決して楽なわけではありませんが、それでも、少しでも意識をして、「自分が」どうしたいのかではなく、「相手が」どうしたいのかを考えられる実習にできるとよいです。少しの意識が確実に、あなたを保育者として成長させてくれます。とても不安だと言いながら実習に行き、実習を通してその施設の魅力を学び、就職をした先輩も大勢います。"案ずるよりも産むがやすし"です！！

Point!
頭の中で不安ばかりをつくり出すのはやめましょう。
ちょっとの勇気と一緒に、行動してみましょう！

先輩からのメッセージ

障害を抱えている子どもの施設でこんな私がちゃんと実習できるかなぁと、自信がもてませんでした。
子どもを抱かせてもらった時、初めて抱く私のことがわかったのか身体全身で緊張しているのが伝わってきて、とても愛おしく感じ、大切にかかわっていきたいなぁと思いました。ここの施設の子どもたちと出会え、私もこういうところで働きたいと思いました。

第1段階 基礎知識習得編

保育者としての基礎知識。
知っておいて損はありません！
～保育の方法を知ろう～

　保育には、さまざまなスタイルがあります。皆さんが実習でどのようなスタイルの保育に出会うのか楽しみですね。ここでは、どのような保育のスタイルがあるのか、主な保育の方法について学びます。

保育の方法を知ろう

一斉保育・設定保育

　年間・月間・毎日のプログラムを立案し、それに基づいて行う保育のことです。保育者の意図的な援助が、一度に幼児全体へ展開できることが特徴です。例えば、全体に説明をしながら行う製作活動やリズム遊び、ゲーム遊びなどは、一斉保育と考えられます。

　一斉保育は、保育者主導になりがちです。子どもの個人差や自発性、興味、個性についても十分配慮をしながら行うことが保育者として大切です。

　皆さんが部分実習を行う場合、多くがこの一斉保育のなかで行うことになるでしょう。初めて保育を行う人には、自由保育よりわかりやすいと思います。ただ、保育者は子どもに何かを**やらせる**ことが仕事ではありませんので、常に、**子どもから学ぶ**姿勢を意識しましょう。

自由保育

　園児が自由に遊ぶことを中心とした保育のことです。遊びの選択や展開を子ども自身が行っていくので、自主的・自発的な活動となります。保育者は、ただ子どもを遊

ばせているわけではありません。個々の子どもの興味・関心、遊びの展開状況をよく観察し、必要に応じて環境構成を工夫していく必要があります。この環境構成のなかに、保育者のねらい（その遊びを通して経験してほしいことや、体験してほしいことなど）を組み込むのです。子どもに自由に遊ばせているようで、実はそうではないというところに、自由保育のよさと奥の深さがあります。

意図的な環境構成って、こんなことかなぁ

　Aちゃんが、砂場でお団子づくりに夢中です。お団子をつくっては砂場の淵に何個も並べています。担任のB先生は、そのようなAちゃんの姿を見て、「ここから遊びが膨らむのではないか」と考えました。そこで、次の日、長い板を1枚、意図的に砂場のそばに置いておきました。するとAちゃんは、早速、その板を見つけて、「先生、この板使ってもいい？　お団子並べて売るの」と遊び始めました。板に砂のお団子を乗せると、ほかの子どもたちも興味を示し始め、一緒にお団子をつくったり、お団子売りが始まったりしました。

　このように、保育者の**ちょっとしたアイデア**で、子どもの遊びも大きな展開をみせることがあります。子どもの遊びをよく観察しているからこその援助です。自由にしているようで、実は保育者はよく考えているのです。

縦割り保育

　普段は年齢別のクラスで保育を行っていますが、特定の曜日にほかの年齢のクラスの子どもと一緒に保育を行うことを縦割り保育といいます。これは、主にクラス単位での交流です。例えば、火曜日のリズム遊びの時間はホールに4歳児と5歳児が集まり一緒に活動するといった場面を想像すると理解しやすいと思います。

異年齢保育

　主に、3歳児から5歳児の子どもたちの異年齢集団で行う保育のことです。状況によっては、2歳児を含めることもあります。異年齢保育であっても、活動内容によっては年齢別に保育を行うこともあります。異年齢保育の長所は、一人っ子が多くなってきた現代の家族環境のなかで、年上、年下の子どもとかかわる機会が得られ、「大きくなったらこんなことができるようになるんだ」「自分もこんなことをしてみたい」などと、大きくなることへの見通しと期待がもてることです。また、年上の子どもは、年下の子どもとかかわることで、年下への思いやりなどを学ぶことができます。

　配慮すべき点は、年上の子どもに、お兄ちゃん・お姉ちゃんだからと、常に年下の子どもの世話をさせてしまいがちになることです。年上の子どもに年下の子どもの世話ばかりさせていると、年上の子どものやりたいことができずに不満がたまってしまいます。その不満を大人の見えないところで年下の子にぶつけてしまうという悪循環を生みだしてしまいかねません。これは、子どもが悪いのではありません。保育者の判断が悪いのです。単に、年上、年下という年齢だけにとらわれるのではなく、大切なことは、それぞれの子どもの興味や関心を保育者が把握し、子ども本来の想いを理解することです。

合同保育

　異なる施設間での園児の交流を目的に行われる保育のことです。単発の行事を合同で実施する場合などに取り入れることが多いようです。

　年度末に地域の保育所が集まり、同じ小学校に入学する子ども同士が知り合える機会を設けるということを行っている保育所もあります。年長児を担任すると、どうしても年長児には小学生になるからと、小学校に向けての期待をかけがちです。しかし、実際の子どもは小学校に入学する喜びだけでなく、まだよくわからない新たな環境に置かれることへの不安もあるのです。合同保育をきっかけに、同じ小学校に入学する者同士が出会える機会を設けることは、小学校入学に向けた子ど

もの不安軽減につながるのかもしれません。
　合同保育には、単なる交流だけにとどまらない利点もあるのです。

🎀 統合保育

　障害のある子どもと障害のない子どもを一緒に保育することです。実習を行うと、障害のある子どもも一緒に生活をしている場面に出会うことでしょう。

✏️ S君のこと

　年長児クラスのS君はダウン症です。新年度初日に、S君のお母さんが子どもたちの前でS君を紹介してくれました。
　A君は最初、S君と普通にかかわっていました。しかし、なんだか普通の子と違うなぁと感じ始めました。鼻水を垂らして、いつも自分のおなかを出して見せてくれて、ほかの子よりも会話が通じません。A君は自分で考えた結果、ダウン症はインフルエンザのように感染するものだと考えました。そして、少しS君と距離を置くことにしました。
　ある時、担任のK先生が、ダウン症についてA君に説明してくれました。A君は納得し、自分とちょっと違うところがS君なんだと理解し、再び遊ぶようになりました。散歩の準備が少し遅ければそばで待っていたり、S君が興味のある遊びをしていたら一緒に遊んでみたりと、S君のペースに合わせて遊ぶようになったのです。

　インクルージョンという考えがあります。「いろいろな子どもがいて当たり前。一緒に保育・教育をしていこう」という考えです。必要がある子どもには、必要な支援を行いながら一緒に保育をしていこうというわけです。
　実習では突然かかわろうとするよりも、子どもの興味や好きな遊び、人とのかかわりなど、その子どもの特徴を観察し、理解することから始めましょう。

第1段階 基礎知識習得編

実習の参加方法を知って、初日から楽々スタート！
〜実習の種類を学ぼう〜

　初めて実習を経験する人から、よく「実習では何をすればいいの？」という質問を受けます。実習先では、皆さんが実習に来る・来ないにかかわらず、毎日、保育が営まれています。そのような流れのなかに皆さんが実習生として加わるわけですから、どのように保育に参加をしたらよいのか、保育の流れを崩してしまうのではないか、迷惑にならないかと不安になるかもしれません。実習への参加方法を知ることで、実習中の学び方がわかります。学び方がわかると、自分が何をすべきかもわかるので、不安も軽減できます。

実習の種類を学ぼう

見学、観察実習

　実習を行う前に施設に伺い、オリエンテーションを行います。オリエンテーションでは、園長先生や施設長先生、主任の先生などから施設の沿革や保育の基本方針、職員構成など、実習を行うために必要な基本的な情報を提供してもらうほか、施設内を案内してもらいます。この見学から、地域の環境、園舎、保育室、トイレなどの施設・設備について、全体の概要を学びましょう。そうすることで、実習が始まった際、子どもとともに行動したり、用事を行うのに、戸惑うことなくスムーズに動けます。

　また、観察実習という実習への取り組み方もあります。これは、実習先の1日の生活の流れを把握したり、保育者の養護・教育、保育援助の方法を学んだり、子どもの生活や遊びの様子を学ぶことを目的とした実習方法です。保育に直接参加をしないので、「何をしているのかなぁ？」「この後どうするのかなぁ？」というように、子どもの姿を客観的にじっくりと学べます。観察実習を行う場合には、子どもの生活の妨

げにならないよう、保育室や園庭の隅などを選び、正座やしゃがんだ姿勢を心がけましょう。足をのばして座ったり、ひざ立ちなどをしていると、子どもが皆さんの足につまずいてけがをする可能性があります。また、お尻をぺったりとつけて座ったり、横座りなどをしていると、何かが起こった際に咄嗟の動きがとりにくいので、避けたいものです。

メモを取る場合は、園長先生などの許可を得たうえで行い、メモ帳・ペンの扱いにも十分配慮してください。こちらも、子どものけがのもとになりかねません。

先輩からのコメント①

実習先が決まった時は、第一関門突破という感じでほっとしました。しかし、実習先がどんなところなのか新たに不安になりました。事前オリエンテーションで園長先生や先生方と会え、実習先の様子や雰囲気がわかり、実習する実感が湧きました。これまで子どもとかかわる機会がありませんでしたが、子どもたちと会えることを楽しみにしています。

参加実習

　参加実習は、保育に参加をしながら、保育全般について学んでいく実習形態です。直接子どもとかかわりながら保育への学びを深め、理解をしていきます。具体的には、乳幼児の生活の援助（例えば、オムツの交換や、授乳、食事の介助、入眠時の援助など）や、遊びへの参加（乳児ならば、あやし遊びなど、幼児ならば、おままごとやブロック遊び、積み木遊び、ごっこ遊び、お絵かき、折り紙、追いかけっこ、かくれんぼ、砂場遊びなど）をしたり、配属されたクラスの保育活動に参加したりします。また、子どもとのかかわりだけではなく、日々保育者が行っているような環境構成、教材作成の準備、掃除なども行います。機会があれば、保育指導計画や事務関係の仕事

などにも参加をすることになるでしょう。また、園行事や地域とのかかわりにも参加をさせてもらえるかもしれません。参加実習は、保育者が日ごろ行っている業務と同じような事柄が経験できる絶好の機会と考えてよいでしょう。

先輩からのコメント②

保育に参加すると、どうしたらいいかなぁと判断に悩むことも多いし、私の対応が子どもに受け入れてもらえず、反省することもあります。私は、ケンカの仲裁の仕方が悪くて、子どもがとても不満そうでした。解決しなくちゃと、慌ててしまったことを反省しました。でも、実際に子どもと一緒に過ごせるし、先生がどのように保育を行っているのかを毎日学べるので、大変だけれど楽しいです。

指導実習・責任実習（部分実習、半日実習、前日実習）

　1日の保育のある部分を、保育者に代わって皆さんが保育を担う実習のことです。初めての実習では、絵本や紙芝居を子どもたちに読むことや、手遊び、パネルシアター、エプロンシアターなどを行うことが多いです。また、朝の集まりの部分や、皆で一斉に取り組む製作などの活動を行うこともあります。いずれにしても、日々の保育の流れ、子どもの育ちを把握し、指導計画を作成して実施します。実施後は、よかったところ、改善すべきところを振り返り、次の保育に活かせるようにします。担任の先生のようにうまく行えることはまずありません。まずは、実際に保育を行い、そこから何を学べたのか、何をもっと学ぶ必要があるのかを発見しましょう。

先輩からのコメント③

初めての部分実習で絵本の読み聞かせを行いました。実際に保育を行うと、予測と異なる子どもの動きがあったりして、戸惑うことばかりでした。担任の先生が笑顔でなにげなく行っていることに、実はたくさん配慮をしていることがわかりました。

実習プラスα ― 子どもの気持ちがわかるコツ

なぜ、どうしての視点をもちましょう

　例えば、泣いている赤ちゃんや子どもに出会うと、泣き止ませなくてはという意識が働いてしまうかもしれません。しかし、子どもにとってはそこが**安心して泣ける**環境なのでしょう（病気などの場合はまた異なりますが）。泣き止ますことに意識を向けるよりも、なぜ泣いているのかを考えましょう。なぜそうしているのか、どうしてそうしているのかを考えて対応することで、子どもの本当の想いを理解できるようになります。

Point!

子どもとかかわる時には、「〜をしてあげる」「〜をやってあげる」という意識でかかわると、本当の子どもの気持ちが見えなくなってしまうことが多いです。また、皆さんの気持ちにも余裕がなくなってしまいます。そうすると、「〜させなくては」と、つい子どもに厳しくかかわることになり、悪循環を生んでしまいます。「なんでだろう」「どうしたんだろう」「子どもが〜できるようになるためにはどうしたらよいかな」「〜な経験をしてほしいな」という意識でかかわると、子ども本来の姿が理解でき、楽しく保育が行えるようになります。

> 第1段階 基礎知識習得編

目標が決まると実習での視点が定まります！
～実習の目標を決めよう～

　あなたが、保育者になりたいと思った理由は何ですか？
　皆さんは、「子どもが好きだから」「担任の先生みたいになりたかったから」など、今までの人生のなかできっかけとなる出来事があって保育士や幼稚園教諭を目指しているのだと思います。しかし、夢をもって実習に行っても、実習先での慣れない生活に何となく流されて終わってしまっては、せっかくの実習がもったいないことになってしまいます。
　子どもが好きなだけでは保育はできません。子どもに好かれる保育者となって、初めて子どもも皆さんのことを信頼し、話に耳を傾けてくれるようになるのです。子どもに好かれる保育者になるための学びは、明確な目標をもって実習に取り組むことから始まります。
　ここでは、実習という貴重な経験で、子どもに好かれる保育者へ一歩前進できるよう、実習の目標について考えていきましょう。

目標の立て方がわからない

　意外と多くの学生が、どのように目標を立てればよいのかと悩んでいます。
　また、初めて実習を行うのにもかかわらず、「子ども同士のケンカの仲裁について学ぶ」「保護者の対応について学ぶ」といったように、具体的すぎてしまう場合もあります。子ども同士のケンカの仲裁であっても、保護者の対応であっても、よい目標だとは思いますが、保育所実習に関しては2回行われますので、全体的な目標から具体的な目標へと、段階的に学べると、たくさんのことが学びやすいと思います。

目標設定のポイントを学ぼう

最初の実習で学ぶポイントは、
①保育所で日々生活を営んでいる乳幼児について理解をすること
②保育所の機能について学ぶこと
③保育士の職務について学ぶこと

の3つに分けると、わかりやすいでしょう。1つずつ、もう少し具体的に考えていきましょう。

❶ 乳幼児について理解しよう

観察実習や参加実習を行うなかで、さまざまな年齢の乳幼児とかかわりをもちます。乳幼児と一緒に遊んだり、食事をしたり、排泄などの援助をすることで、保育所で生活をする乳幼児の生活の様子を学びます。また、乳幼児の発達の様子を直接学ぶこともできます。学びを深めるためには、子どもの遊びを邪魔しないように、観察していることも悪くありませんが、皆さんから「何をしているの？」「仲間に入れて」など積極的なかかわりをもつことも、状況に応じて必要かもしれません。

子どもとかかわることに少し慣れてきたら、一人ひとり個性豊かな子どもの様子や、年齢によっては、子ども同士の人間関係、個と集団との関係、子ども理解の方法なども学ぶ視点に加えてみましょう。

❷ 保育所の機能について学ぼう

保育所は、在園児だけを保育している施設ではありません。保育所に求められている社会的な機能や、地域における保育所としての役割があります。安全・衛生管理などもそうです。保育所という児童福祉施設がどのような役割を担っている施設なのか、実習を通して学びましょう。"そんなこともやっているのか"という、新たな発見が必ずあります。そのためには、目の前のことだけに夢中になりすぎず、アンテナをピンと張り、情報を得ようと意識しているとよいと思います。保育所全体の予定表を見たり、保育所のおたよりなどに目を通してみるとわかることもあります。

❸ 保育士の役割について学ぼう

保育士の役割には、どのようなことがあるのでしょう？　皆さんがよく知っている

役割は、担当している子どもや保育所の子どもとかかわることでしょう。ところが実際は、もっとたくさんの役割を担っています。しかも、笑顔でなにげなくたくさんの業務を同時進行していることも珍しくはないのです。保育士としての倫理を順守するということは言うまでもありませんが、そのほかに、職員間の連携をはかることや、保護者支援、地域の子育て支援なども保育士の役割です。実習ではぜひ、保育士の役割にはどのような事柄があるのかを学び、保育士の仕事への理解を深めるチャンスにしましょう。

❋ もう少し学べそうならば…

実習を行っていると自然と学べることではありますが、実習を行ううえで、また、2回目の実習を行うなかで、あるいは部分実習や責任実習を担当するなかで、もう少し学べそうならば、以下に紹介する事柄にも意識を向けると、より保育の実習が充実します。

保育実践について

子どもの生活や遊びに対して、保育者の援助の方法を学びます。関連して保育の計画・立案・実践についても学べるとよいと思います。そして、実践をするための準備についてももちろん学びましょう。保育実践については、皆さんの学びたい事柄が満載です。

保育の内容、保育の方法について

月齢や年齢に応じた保育の内容や環境、クラス運営などについて学びます。特に初めての実習では、多くの人が各年齢で数日ずつ実習を行っていますから、年齢ごとの保育内容や環境については学びやすいと思います。また、実習中に行事が予定されているようでしたら、子どもたちが年齢に応じてどのように行事に参加をしているのかを学べるよい機会となります。

保護者への支援・対応について

　現在は、さまざまな働き方があります。そのために、子どもが保育所で生活をする時間も、保育ニーズも、家庭によってさまざまです。また、保育所に通う子どもの保護者との連携や、地域の保護者への支援と対応も大切な事柄です。実習中、延長保育を経験させてもらったり、障害のある子どもとかかわらせてもらったりするなかで、多様な保育ニーズへの対応を学びましょう。さらに、朝や夕方の送迎での保護者への対応についても学べるとよいですね。そうすることで、保護者と保育士とがどのように関係を築いているのか学べると思います。

✻ 自分の実習目標を立てよう！

　実習目標の定め方について基本的なポイントをお伝えしてきました。実習は、皆さんが保育の実際について学ぶための期間です。基本的な目標に加え、あなた自身が実習で、これだけはどうしても学びたい、これだけは絶対に実践したいという事柄を考えてみましょう。この目標が、あなたらしい実習にしてくれるはずです！

先輩たちが立てた実習目標

- 毎日絵本の読み聞かせをさせてもらい、子どもの前で絵本を読む経験を積ませてもらう
- 私は表情が硬いので、実習中は意識をして誰とでも笑顔を絶やさずにかかわりたい
- 子どもとかかわることが初めてなので、機会を見つけて子どもとかかわり、子どもの実際の姿について学びたい
- 保育士の、子ども一人ひとりに応じたことばのかけ方や、大勢に向けたことばのかけ方などについて学び、自分でも実践してみたい
- 保育士が保護者とどのように信頼関係を結んでいるのかを学びたい

第1段階 基礎知識習得編

トラブル多発！
現代においてとても重要な知識です！
～実習に備えて知っておこう（ルール）～

　現代では、友だちなどと情報交換をするために、メールやライン（LINE）、フェイスブック（Facebook）などのソーシャル・ネットワーキング・サービス（SNS）、通信機器等を活用することがあります。ここでは、通信機器等の使用にかかわる、実習に関係する内容の扱いについて、配慮すべき事項を確認します。また、対人援助職としての守秘義務など、保育者として守るべき事柄についても学びます。
　少々堅い話ですが、子どもやその家庭の個人情報を知る保育者として、また、社会人として大切なことなので、意識して頭のなかにとどめておきましょう。

守秘義務について考えてみましょう

　実習生のはなこさんは、Facebookで仲間と情報交換を行うことを楽しみにしています。実習が終わり、子どもたちとの思い出もたくさんできました。このうれしさを知ってほしくてFacebookに次のように投稿しました。
　「〇×保育園で保育実習をしてきました！　実習担当のようこ先生にいろいろと教えてもらいました。とても充実した日々でした。2歳児クラスのだいすけくんが初日から私になついてくれてとても嬉しかったです。それに、子どもは超かわいい！　私、絶対に保育士になります！」

　はなこさんの行為は、一見、楽しかった思い出を語っている素敵な記録のように思

えます。ところが、よく読んでみると、実習先名や子どもの個人名が本人の許可なく記されています。内容がどのようなことであっても、実習先や子どもの保護者の許可なくSNSに実名を載せることは決して行ってはならないことです。はなこさんのFacebookをきっかけに、だいすけくんの個人情報も保育所の情報も不特定多数の人たちに知られてしまうことになるからです。自分の近況報告として、なにげなく投稿した文章が、事件のきっかけをつくってしまう危険性を含んでいるのです。

　もう1つの事例も読み、別の角度から、守秘義務について考えましょう。

　　実習生のさやかさんとみどりさんは、同じ実習先で実習中です。いつもふたりで電車に乗り、実習先まで通っています。
　　実習も中盤に差しかかり、子どもとの関係も少しずつ構築できてきた頃、電車の中で、実習先の子どもたちの話をしていました。実は、ふたりのすぐそばには、実習先の子どもの保護者が乗っていました。その保護者は、ふたりの話の内容が自分の子どもの通う保育所のことであり、さらに自分の子どものことも話題にされていることに気がつきました。

　同じ実習先で実習を行っているので、さやかさんとみどりさんの「話したい」気持ちも理解できますが、実習先を一歩出たら、個人や施設が特定されるような会話はしてはいけません。会話の内容から、不特定多数の人に個人情報を漏らしてしまうことになるからです。
　これら2つの事例は、保育士が厳守するべき守秘義務に違反することとなります。

守秘義務とは

　守秘義務とは、「仕事のうえで知り得た人の情報を、人に漏らしてはいけない」という決まり事（ルール）です。守秘義務に関しては、

児童福祉法第18条第21項、22項に規定されています。もし、違反した場合は、1年以下の懲役又は30万円以下の罰金に処され、保育士の登録が取り消されます（児童福祉法第18条の19、第60条の2）。このように、保育士の守秘義務については、厳しく定められているのです。

厳密に言えば、実習生はまだ「学生」の身分です。しかし、実習先では、子どものことを理解しようとすればするほど、子どもやその家庭の個人情報を知りうることになります。そういった意味では、実習生にも「保育者」と同じように守秘義務が発生するのです。

また、保育士には、全国保育士会倫理綱領という、保育士が厳守すべきルールがあります。そのなかにも、プライバシーの保護として、「4. 私たちは、一人ひとりのプライバシーを保護するため、保育を通して知り得た個人の情報や秘密を守ります」と明記されており、保育士が守るべき事柄として、守秘義務が挙げられています。

実習中の出来事、特に人に関することは、実習先以外では決して話さないように十分配慮することが実習生に求められます。また、通信機器等（メール、ライン、フェイスブックなどのSNS）にも、施設名や子どもの名前、保育者の名前などの個人が特定できるようなことを記録することは倫理に反します。十分配慮しましょう。

子どもだって一人の意志ある人間です

子どもの権利（子どもの人権）

「子どもの人権」とは、子どもが子どもらしく生きる権利のことです。

これは、保育を行ううえで大切なことです。子どもとかかわる時、つい大人の都合で指示的になり、子どもを大人の思うように動かそうとしてしまいがちです。それは、子ども主体の保育でも、子どもの権利を尊重した保育でもありません。なぜなら、子どもの意志がまったく反映されていないからです。子どもの立場に立ったかかわりを心がけることが、子どもを尊重することにつながります。そしてそれは、子どもが一人の意志ある人間として、自信をもって生きていく助けにもなるのです。

保育実践のなかで、具体的に、どのようなことが子どもの権利につながっているのか、例を挙げて考えてみましょう。

子どもを呼び捨てで呼ぶ

子どもと親しくなると、子どもを愛しく感じ、つい子どものことを呼び捨てで呼んでしまいます。しかし、子どもも一人の人間であるということを考えると「〜くん」「〜ちゃん」「〜さん」と呼ぶことが常識的でしょう。

赤ちゃんの世話をする時には声をかけながら行う

赤ちゃんの世話をする時には、顔を見て何をするのか声をかけて世話をしましょう。そうすることで、自分が何をしてもらえるのか赤ちゃんなりに理解でき、安心してお世話してもらえます。

子どもがひとり遊びに集中している時にあやしたりしない

ひとり遊びは子どもの育ちにとって大切な遊びの時間です。ことばをかけて、ひとり遊びの時間を奪わないでください。そっと見守り、ひとり遊びの時間を保障することが子どもの育ちを大切に考えているしるしです。

おもちゃ箱をひっくり返しておもちゃをばらまかない

子どもは自分で遊びたいおもちゃを選択できます。ですから、おもちゃを床にばらまく必要はありません。それよりも、子どもが自分で遊びたいおもちゃを選択できる環境を整えることのほうが子どもの育ちにとって大切です。

子どもを脅さない

「お化けに連れていかれるよ」「お昼寝させないよ」「お散歩に連れて行かないよ」など、子どもを脅して保育をすることは、怖いという印象だけが残り、子どもの育ちにとってよいことは何もありません。

> 第1段階　基礎知識習得編

子どもの生活がイメージできますか？
～実習先の1日～

　皆さんが実習を行う施設の1日の生活の様子を知っていますか？　ここでは、施設の1日の生活の流れを紹介し、実習中、皆さんが子どもと一緒にどのような生活を送るのか、見通しを立てたいと思います。おおよその流れを把握して実習を行うのと、流れがまったくわからず、次は何をするのかドキドキしながら保育室にいるのとでは、実習への取り組み方にも影響してくることでしょう。

実習先の1日

保育所

　保育所は、乳児から小学校入学前までの成長発達の著しい時期の子どもが生活をしている施設です。そのため、具体的には、各年齢あるいは子ども個々の育ち（特に低年齢児）に応じた対応を行うことを心がけています。

　ここでは、保育所に通う低年齢児・幼児の主な生活の流れを紹介します。おおよその流れが把握できると、1日の生活の見通しが立つので、慌てず不安にならずに実習に取り組むことができるでしょう。

保育所低年齢児の生活の例

7：00 頃	早朝保育
8：30 頃から	順次登園、遊び、オムツ交換や排泄
9：30 頃	おやつ・授乳、遊び、オムツ交換や排泄
11：00 頃	順次食事、歯磨き、排泄
12：00 頃	順次午睡
15：00 頃	順次目覚め、オムツ交換や排泄、おやつ・授乳、遊び、順次降園
17：00 頃から	延長保育

低年齢児保育は、子ども個々の生活パターンに合わせて保育を行うことが子どもの心身の育ちにとって大切です。そのため、デイリープログラムは、生活の目安と考えてもよいと思います。保育士の配慮も、個々の子どもの育ちに応じて丁寧に行っていきます。

　低年齢児は、日々の規則正しい生活の繰り返しが大切です。朝、いつも世話をしてくれる保育士に迎えられることから始まり、夕方、保護者が迎えに来るまで、同じ生活のパターンが同じ保育者によって行われ、そのなかで安心して生活できることが低年齢児の心の育ちには大切なのです。まだ十分にことばで気持ちを表現できる年齢ではありませんが、日々の生活の繰り返しを通して、安心できる環境を確実に感じ取っています。安心して泣ける、安心してぐずる、安心してイヤイヤ期を迎えられるということは、世話をする立場からするととても手間のかかることです。しかし、子どもにとっては幸せなことなのです。この低年齢児の時期に、安心して自分を出すことができ、それを受け入れてもらえたならば、子どもたちは、精神的に安定して次の育ちの段階を迎えることができるでしょう。

　当たり前の生活の繰り返しが、この時期には大切なのです。日々繰り返される1つひとつの世話を、子どもと一緒に楽しみながら行えるようになりたいものです。

保育所幼児クラスの生活の例

7：00頃	早朝保育
8：30頃から	順次登園、仕度、排泄、遊びなど
10：00頃	散歩や遊び、課題保育など、片づけ、排泄など
11：30頃	食事、ごちそうさま、午睡準備など
13：00頃	順次午睡
15：00頃	順次目覚め、排泄、おやつなど 順次降園
17：00頃から	延長保育

幼児クラスといっても、3歳児、4歳児、5歳児それぞれ育ちの幅があります。各学年、個々に合わせた生活が営まれています。また、年長クラス後半頃になると小学校への移行準備として午睡を行わない生活にも慣れるように工夫をすることもあります。デイリープログラムは、子どもの育ちに応じて少しずつ変わります。

　年齢が大きくなるにつれて、食事の開始時間が徐々に遅くなり、午睡の時間も徐々に短くなります。成長に伴い活動量が増えますから、遊びなどの活動時間が低年齢児よりも増えます。ただ、子どもの育ちには個人差がありますので、幼児クラスでも、子ども個々の特性に応じて臨機応変な対応を行っています。例えば、食事を終える早さも個人差がありますし、午睡時間も子どもによって、また同じ子どもでも、その日の体調によってさまざまです。デイリープログラムの大きな流れのなかで、子どもの様子に応じた保育を行っていきます。

　大切なことは、プログラムどおりに"子どもを動かさなくてはいけない"とプログラムに子どもを当てはめないことです。デイリープログラムの流れに沿って、子どもたちが自分の力で考え・行動できるようになるためには、**保育者として何をすべきか**を考えて保育を行うことが重要です。

幼稚園の生活の例

8：30頃	順次登園（徒歩、バス） 仕度、排泄、遊びなど
9：30頃	朝の集まりなど
10：00頃	設定保育または自由保育など
11：30頃	片づけ、排泄、昼食準備など
12：00頃	昼食
12：40頃	順次片づけ、遊び
13：00頃	遊び
13：30頃	降園準備、順次降園
14：00頃	預かり保育

さまざまな保育形態がありますので、その形態によって、また、保育方針によってデイリープログラムも大きく異なってきます。ただ、幼稚園は、預かり保育を行わなければ、ほとんどの日が昼食を終えると間もなく降園となります。登園・降園のスタイルも園によって異なります。園バスで子どもを送迎する園もあれば、幼稚園まで保護者とともに通園する場合もあります。

幼稚園の1日の保育時間は、おおむね4時間です。そのなかで、各園の特色に応じた保育を展開しています。実習園の方針や特色を知っておくと、実習に入っても大きな戸惑いは感じないでしょう。

保育所以外の児童福祉施設の生活

保育所以外の児童福祉施設の生活は、各施設の目的に応じてさまざまです。子どもが24時間生活をしているような施設では、皆さんが自宅で生活している流れを思い出してみるとわかりやすいと思います。ですから、実習ではありますが、夕方や夜になると、子どもたちと一緒にテレビを見たりすることもありますし、ゲームをすることもあります。明るいうちには散歩に行くこともあるでしょうし、買い物に行くこともあります。炊事、洗濯なども行うでしょう。その1つひとつが実習なのです。子どもと一緒にテレビを見て楽しんだり、会話をして楽しむことそのものが大切な子どもとのかかわりであり、実習なのです。

通所施設では、施設の目的に合った子どもたちが日々通所してきますので、施設の目的や、個々の子どもの特徴などを理解していることが大切です。

第2段階 実践ウォーミングアップ編

ここから実習が始まっています。
相手の立場を考えた行動を！
～オリエンテーションの依頼をしよう～

　実習を開始する前に、実習先に連絡をしてオリエンテーションを行います。実習先への連絡は、基本は"電話"です。最近は、用件をメールで行うことも少なくないため、電話でのやり取りに慣れていない人もいるかもしれません。相手の顔は見えていませんが、実習先との初めての出会いが、オリエンテーションを依頼する電話となります。皆さんの表情がわからない分、声のトーンやことばの使い方などで、実習先に皆さんの人となりが伝わってしまいます。通信手段がメールやSNSなどが主流となっている現代においては、流暢（りゅうちょう）な日本語で話すことは難しいことだと思いますが、皆さんの一生懸命な思いは、つまずきつつ話したとしても、声を通して相手に伝わるものです。完璧にこなすことよりも、誠意をもって電話をかけて依頼をしましょう。誠意は必ず相手に伝わります。たとえ電話であっても、実習先によい第一印象をもってもらえることは、実習への第一歩として嬉しいことです。

オリエンテーションの依頼にチャレンジ！

必要な持ち物

　実習先に電話をかける際には、
・手帳
・筆記用具
・学校などで配布されているオリエンテーションに関するしおり等
以上の3つは、必ず手元に準備をしましょう。
　また、オリエンテーションに伺うときの持ち物は、電話をかけた際に確認しましょう。一般的な持ち物として、次のものが考えられます。

40

- ☐ 上履き
- ☐ 靴入れ用の袋（ビニール袋など）
- ☐ 筆記用具
- ☐ 実習日誌
- ☐ 実習に関する資料
- ☐ 学校から持参するように指示された もの（例えば、履歴書、健康診断証明書など）
- ☐ 手帳
- ☐ メモ帳
- ☐ ハンカチ、ティッシュ
- ☐ 保育所保育指針　など

　このほかにも、実習先から指示されたものを準備します。オリエンテーションは、実習先との初めての出会いでもあります。お互いが"出会えてよかった"と感じられる時間にしたいものです。

日程調整

　皆さんが、電話で実習先とオリエンテーションの日程調整を行う際は、自分と先方の両方の都合に配慮します。以下の例を読んで日程調整の仕方を考えてみましょう。

学生Aの実習先との日程調整

学生A：実習をさせていただくにあたり、事前のオリエンテーションをお願いできないでしょうか？

実習先：わかりました。では、1月20日火曜日の午後3時頃はいかがですか？

（火曜日の午後3時は授業があるけれど、実習先からの指定を断ると実習の評価に影響するかもしれないし、授業があるなんて言えないから…）はい、大丈夫です。

では、1月20日火曜日、午後3時にお待ちしております。

Aさんの日程調整について、皆さんはどのように考えますか？

　Aさんは、火曜日の午後3時は、実は授業がある時間なのです。ですから、実習先から「1月20日火曜日の午後3時」と日程を打診されたときに、「実は、授業があります。ほかにご都合のよい日程で調整していただけないでしょうか？」と相談する必要があります。お互いに予定があるわけですから、相談をしながらオリエンテーションの日程を決めていくのです。授業時間を避けてお願いしましょう。

　日程調整に限ったことではありませんが、相手に自分の都合が伝えられるということ、つまり交渉をすることは、実習や社会人になった時にも、周囲と協調して働くためにとても大切なことです。何でも「はい」「はい」と言いなりになってしまっていては、自分の意見をもてない人、自分で判断して動けない人と思われてしまうこともあり、あなた自身が誤解されてしまいます。

電話のかけ方

　セリフを書いて読んでいる人もいますが、電話の相手にもわかってしまいます。大切なことは、誠意をもって相手に話をすることです。顔が見えていなくても皆さんが相手に失礼のないように配慮をし、話をしようとしていることは、電話

でも十分伝わります。そのような実習生からの電話を受け取った実習先では、「一生懸命気をつかって電話をしてきたのね」と微笑ましく受け止めてくれるでしょう。

　電話のタイミングは、子どもが午睡をしている午後1時頃から午後3時頃が望ましいと思います。施設によっては、園長先生も保育に携わっている場合があります。そうすると、子どもが活動している午前中や子どもの食事の時間、午睡後の活動時間などは、電話がつながりにくい場合があります。電話をかける時間帯も、実習先の生活の様子に配慮できるとよいですね。

　また、同じ期間に複数の実習生がお世話になる場合には、代表の学生を決めてその代表者が電話をかけるとよいでしょう。

　電話のかけ方の例を以下に紹介します。例を参考にし、あなたのことばで電話をかけてみてください。

❀ 自分が誰であるかを相手に伝える

○○大学○○学部○○学科学生の○○○○と申します。

❀ 電話の用件の概要を伝える

○月○日から○日まで実習でお世話になります。今回は、実習前の事前オリエンテーションをお願いしたく連絡をいたしました。

❀ 園長先生に代わっていただく

園長先生はおいででしょうか？

▶園長先生がいらした場合

○月○日から実習でお世話になります。実習に先立ち、オリエンテーションをお願いしたいのですが、いつ頃お願いできるでしょうか？（授業などの予定がある場合は、「授業のない○曜日から○曜日の○時から○時頃にお願いしたいのですが、いかがでしょうか？」とこちらの予定を伝えて日程の調整を行ってもらう）

日程の確認を行い、挨拶をして電話を切る

○月○日○曜日の○時からですね。承知いたしました。それでは、伺わせていただきますので、よろしくお願いいたします。

▶園長先生不在の場合

再連絡をする日程を伝え、挨拶をして電話を切る

承知いたしました。明日、改めて連絡をさせていただきます。失礼いたしました。

Point!
ことばは人柄を表します。
ことばに心をのせましょう。

第2段階 実践ウォーミングアップ編

電話はことばづかいが命です！
～電話でのことばのつかい方～

　初めて実習先に電話をかけるとき、実習先は皆さんの顔をまだ知りません。また、皆さんがどのような人かもわかりません。おそらく皆さんも同じだと思います。声だけで、お互いにどのような人なのかを想像しながら電話で話をすることになります。そのため、電話での印象が、皆さんが実習先に与える第一印象ということになります。

初めて電話をかける際の配慮点とことばのつかい方

　最近の主な連絡方法は、メールが多いと思います。メールは、文章によるやり取りですので、書きことばとしての配慮を行う必要があります。一方、実習先への連絡方法は、電話が主となります。最近では、電話が苦手だという人が大勢いるようです。でも、心配しないでください。大切なことは、そつなく完璧にこなすことではなく、相手のことを考えてやり取りができるかということなのです。
　実際に、緊張していて丁寧語も尊敬語も謙譲語もめちゃくちゃになってしまったという学生でも、電話をかけた実習先に対して失礼がないようにという気持ちは、ことばの端々に現れ、一生懸命さが伝わったということがほとんどです。
　電話は、顔が見えない分、声のトーンや話す速さ、ことばのつかい方、相手への思いなどが声やことばを通して相手に伝わるのです。「丁寧に」を心がけるようにしましょう。

Point!
"うまく" よりも "誠意" をもって "丁寧" に！

ことばづかい、大丈夫ですか？

　電話だけに限りませんが、相手に伝えることばを選び間違えると、自分ではまったくそんなつもりはなかったのに相手に誤解を与えてしまうことがあります。

　「面倒くさいなぁ」と感じることかもしれませんが、実習を行うということは、すでに社会人への第一歩を踏み出したということですから、面倒くさがらずに、自分のことばが相手にどのように受け止められるのかを考えながら、相手の立場を考えて、ことばを選んで話をすることを心がけましょう。これらの点を心がけて損をするということは決してありません。

　以下の例を参考にしながら、自分のことばを確認してみましょう。案外、無意識のうちに使っていることばがありませんか。

　また、アルバイトなどでいつも使用しているから、社会人としてのことばは大丈夫と思っていても、もう一度確認してみましょう。場所や立場が異なれば、ことばも異なる場合が少なくありません。

「すいませんが」「すみませんが」	▶ 「お忙しいところ、失礼いたします」
「○○っていいますけど」	▶ 「○○と申しますが」
「あのー、園長先生居ますか？」	▶ 「園長先生はおいででしょうか？」

　自分の立場、相手の立場を十分理解して丁寧な表現をしましょう。「**あのー**」は必要ありません。よく、「**〜でぇ↑**」「**〜なんですけどぉ↑**」「**〜なんですかぁ↑**」という話し方も耳にします。誠意が伝わりにくいので使わないように気をつけましょう。もちろん、「**マジ！**」「**でも…**」も使いません。

❌ 「オリエンテーション**してくれますかぁ？**」

⊙ 「オリエンテーションのお願いで連絡をさせていただきました」

＊「してくれますかぁ？」では、オリエンテーション依頼の電話をかけているわりには、ずいぶん高飛車で、横柄な言い方に感じられてしまいます。

❌ 「**ちょっと、この日はダメなんですけどぉ…**」

⊙ 「申し訳ございません、○月○日の○時は授業時間にあたっております。ほかにご都合のよろしい日時をお願いできないでしょうか？」

＊お断りの表現がストレートすぎます。柔らかな表現を工夫しましょう。電話の相手は友だちではありません。「ちょっと」も必要ありません。

❌ 「○月○日に**してもらえますかぁ？**」

⊙ 「実は授業科目が多く、○曜日の○時以降、△曜日の△時以降のなかで、ご都合がつくようでしたら調整をお願いしたいのですが、いかがでしょうか？」

＊皆さんにも都合があるように、相手にも都合があります。一方的な言い方は避けましょう。これは、交渉において大切な部分です。どのような事情で都合が悪いのかを相手にわかるように伝えましょう。

❌ 「**お疲れ様でした**」　　　　❌ 「**了解です**」

⊙ 「失礼いたします」　　　　⊙ 「承知いたしました」
　　「ありがとうございました」

＊「了解です」は、実習生の立場では使用しません。十分気をつけてください。

「ご苦労様でした」

「ありがとうございました」
「お疲れ様でした」

＊実習生の立場では使用しません。「ご苦労様」は、目上の者が目下の者に使うことばです。

このように電話をしてみたらいかがでしょうか

　例えば、以下のように電話をしてみたらいかがでしょうか。必ずこの通りに行うことはありません。例を参考にして、皆さんなりの丁寧な話し方を見つけていくことが大切なのです。人の真似ばかりでは、人として成長できません。

- 「もしもし、お忙しいところを失礼いたします」
- 「私は、○月○日から実習をさせていただく予定になっております、○○大学の○○と申します」
- 「実習の事前オリエンテーションの件で連絡をいたしました」
- 「園長先生はおられますでしょうか？」
- 「初めまして。私は、○○大学の○○と申します。○月○日から実習をさせていただくにあたり、オリエンテーションのお願いで連絡をいたしました」
- 「○月○日○曜日の○時からですね。承知いたしました。オリエンテーションを行うにあたりまして、日誌や筆記用具などは準備いたしますが、そのほか、特に必要な持ち物がございますでしょうか？　○○ですね。承知いたしました。よろしくお願いいたします」
- 「お忙しいところをありがとうございました。それでは、失礼いたします」

第2段階 実践ウォーミングアップ編

初めての出会いを大切に！
～事前オリエンテーションに参加しよう～

　事前オリエンテーションは、皆さんが初めて実習先を訪れ、実習先の先生方と初めて出会う機会です。皆さんも同じだと思いますが、電話でのやり取りを通じて、実習先では、どのような実習生が来るかなぁと期待して皆さんを待っています。

　出会いの第一印象は、初めて出会った相手にさまざまな印象を与えます。皆さんのこともよい印象をもっていただきたいものです。

　ここでは、事前オリエンテーションが実習の良き第一歩となるために配慮したい内容について学びましょう。

オリエンテーションを行って（学生の感想より）

電話をかけたときに、「気をつけて来てくださいね」と言ってくれ、とても安心しました。オリエンテーションで、初めて園長先生や保育士の方と会い、子どもの様子や保育所の様子を紹介していただき、私はこの園で実習を行うのだと実感が湧きました。電話だけだと、様子がわからないので不安に感じていましたが、オリエンテーションに行って、子どもたちと会えるのがちょっと楽しみになりました。

社会人としての姿勢

　実習は、実際に社会で生活をしますので、学生であっても社会人とみなされます。保育倫理を遵守（じゅんしゅ）するように学校でも実習先でも指導を受けますが、それも、実習生である皆さんを社会人としてみなしているからなのです。

　ここでは、事前オリエンテーションに備えて、社会人としての姿勢を学びます。

服装・振る舞い

　皆さんがオリエンテーションで出会う人は、実習先の職員だけではなく、保護者や地域に住んでいる方などさまざまです。どんなに人間として素晴らしい人でも、第一印象で誤解を招いてしまうようでは、人間としてのよさが最大限に発揮できず、本来もっているあなたのよさが理解してもらえません。周囲の方々の信頼を得るためには、まずは第一印象となる身だしなみに配慮したいところです。いろいろな人に見られていることを意識して、相手に不愉快なイメージを与えないようにしましょう。

　オリエンテーションに伺う際の服装は、実習先からの指定がなければ、スーツが一般的だと思います。お洒落を大切にすることも悪いことではありませんが、"オリエンテーション"という目的のための身だしなみに配慮しましょう。実習生として、社会人として、保育者として、保護者や職員、その他の人々に不快感を与えない身だしなみか確認しましょう。

　スーツの**スカートの長さ**は、座った時のことを考え、ひざよりも長い丈のものにしましょう。また、スカートの姿で座った時には、必ず**ひざとひざをそろえて座りましょう**。万一、座ったときにスカートの丈が短いようでしたら、ひざにハンカチをかけるなどの配慮があると、相手に不快感を与えません。

　ワイシャツやブラウスは、胸元が大きく開きすぎないデザインを選びましょう。色は白が基本だと思います。白以外でも、淡いピンクや淡い黄色、淡い水色など、華美（かび）にならないデザインと色を選びましょう。

　ヘアスタイルは、長い人は1つにまとめると清楚に見えます。前髪

は必要以上に下ろしたり、垂らしたりしないでください。何となく清潔感に欠けてしまい、印象が悪くなります。また、不必要に髪の毛を触っている人をよく見かけますが、緊張感に欠けた姿に受け取られてしまう可能性があります。あなたは大丈夫ですか？　髪の毛の色も、自然な色を心がけましょう。

　化粧は、自然な化粧で行きましょう。オリエンテーションなので化粧をまったくしないということもあります。ただ、いつも化粧をしている人が、この時だけノーメークだと非常に不自然な場合もあります。メークをしても、ノーメークでも、ナチュラルな表情を演出できるようにしたいものです。ある学生は、普段は化粧をしているのに、実習の時だけノーメークにしたら眉毛がなく、かえって怖い顔になってしまい子どもが泣いてしまったそうです。そこで、自然な感じでメークをしたら柔らかな表情になり、子どもも実習生を怖がらなくなったようです。担当の先生からも、自然な感じでメークをしたほうが表情もよくなるねと言われたという話をしていました。

　低年齢クラスでは、子どもとのスキンシップの機会が多く、皆さんの化粧が子どもの皮膚に接触する可能性も考えられます。子どものことを考えた身だしなみに配慮したいものです。

　どのようなことも、極端になりすぎないことです。事前に実習先の先生に相談をしてみるのも1つの方法です。

こだわりでつけていた"つけまつ毛"が…

　つけまつ毛だけは取れないという強いポリシーをもっている学生がいました。ある日、子どもと夢中で遊んでいたら、つけまつ毛がポロンと取れてしまいました。子どもからは「先生のお顔おかしいよ」と言われてしまうし、つけまつ毛はなくなってしまうし…。次の日からつけまつ毛なしで実習を行いました。子どもから"優しそう"と言われ、保育にも集中できました。

アクセサリー（ネックレス、ピアス、指輪など）は、必要ありません。オリエンテーションでは、施設内を案内してくれたり、子どもと触れ合う時間をつくってくれたりします。そのような子どもが生活をしている場で、アクセサリーを落としてしまい、それを拾った子どもが誤って口にしてしまうといったケースも考えられます。綺麗ですが、アクセサリーは子どもの事故を招きかねない道具でもありますのでオリエンテーション中も実習中も必要ありません。

腕時計については、オリエンテーション時、子どもとかかわる際には、時計の凹凸などで子どもを傷つけることもありますので気をつけましょう。実習中については、実習先と相談をしましょう。また、**ピン止め**も、種類によっては、特に低年齢クラスでは身に着けないほうが望ましいものがあります。心配な場合は、実習先に相談をしましょう。

靴は、服装に準じたものを履きましょう。オリエンテーションでは、スーツが一般的なのでスーツにふさわしい靴にします。エナメル素材のもの、ヒールの高すぎるもの、ピンヒールなどはスーツに似合わないので避けましょう。また、実習園の玄関で靴を脱いだ場合は、玄関の真ん中に置きっぱなしにしないように配慮します。玄関の端に置かせていただくか、靴入れを使ってくださいとすすめられた場合は、靴入れを使わせてもらってもよいでしょう。玄関は、ほかのお客様も使用しますし、子どもが使用することも少なくありません。ですから、ほかの人が使いやすい配慮をすることが大切です。

Point!
身だしなみは、社会人としての第一歩。あなたの印象をよくするためには、相手に不快な気持ちを与えない、子どもにとって安全な身だしなみを心掛けましょう。

オリエンテーションでの確認事項

オリエンテーションに行く前に準備する内容

実習先までの交通手段と所要時間を確認しておきましょう。交通手段は、交通機関のトラブルを考えて、複数のルートを知っておくとよいと思います。また、初めて伺う場所ですので、あらかじめ所要時間を調べておくことも大切です。実習先には時間にゆとり（5分程度）をもって到着するようにしましょう。

また、オリエンテーションに行く前に、**質問したいことをメモ**しておきましょう。オリエンテーションでは、緊張をしていて何を聞きたいのか忘れてしまうことが多いようです。実習を**希望する年齢**や、実習で**何を学びたいのか**を考えておきましょう。オリエンテーションの場で、「今回の実習でどんなことが学びたいですか？」「学びたいクラスはありますか？」などと質問されることがあります。

オリエンテーションで確認をする内容

実習先によっては、施設のパンフレットを準備してくださることもあります。

オリエンテーションは、見学実習という役割も含まれていますので、**沿革、園の概要、保育の目標や方針、特色、園舎やクラスの配置、クラスや人数**といったことを確認しましょう。これらについては、実習日誌にも記入する欄が設けられていますので、その欄への記述が可能なように確認しておくとよいと思います。

また、**実習初日の出勤時間や実習中の持ち物**なども、オリエンテーションで確認しておいてください。

そのほかの質問として、もし決まっているようでしたら、自分が**実習を行うクラス**について（何歳児で実習を行うのか）、**責任実習や部分実習の有無**（実習先から「や

りたいですか？」と質問されることもあります。よい経験ですからぜひ行わせてもらいましょう)、実習初日の**着替え場所**や**荷物の置き場所**、**毎日歌っている歌**などがあったら教えてもらうのも、事前準備としてよいと思います。

　せっかくの機会ですから、実習を行うにあたり、わからないことはこのオリエンテーションで質問をし、不安を軽減させましょう。一番よくないのは、わからないのにわかったような振りをして「大丈夫です」と言ってしまうことです。質問をすることや教えていただこうとする姿勢から、すでに実習は始まっているのです。**質問をする勇気をもちましょう。**

コラム

実習に向けた（実習終了まででの）健康管理
まさか自分が…

　Ａさんは、小学校から無遅刻無欠席。健康管理には自信がありました。２月の実習でも、大丈夫と自信をもっていました。ところが実習５日目に、緊張や寝不足などで体力が低下していたのでしょう。体調を崩し、実習を欠席しなければならなくなってしまいました。Ａさんは、実習の最初に頑張りすぎて、体調のペース配分を誤ったかなぁと反省していました。改めて、健康管理の大切さを感じました。

　Ａさんのようなケースはよくあることです。あまりにも当然すぎて、"健康管理・体調管理なんて誰でもできる"と安易に考えてしまいがちです。しかし、実習は、日ごろ皆さんが生活をしている環境とも、生活ペースとも異なります。慣れないことばかりなので、緊張して精神的な疲労を伴うことも少なくないでしょう。そのような普段と異なる場面での健康管理だということを念頭に置いて、日ごろから、特に事前のオリエンテーションを終えた頃からの健康管理を心がけると、実習でも大きく体調

を崩すことはありません。実習の時期によっては、流行する病気にかかることもあります。ひどく具合が悪いのに無理をして実習に行き、周囲の人に病気をうつすよりも、病院へ行き、しっかりと治療をし、周囲にうつさない方法を選ぶほうが賢明です。状況に応じて欠席をする勇気ももちましょう。欠席をするときには、実習先に連絡をすることも忘れずに。

実習先の門のあたりでウロウロしていると…

　オリエンテーションに間に合うように実習先に到着したのだけれど、「入リロがわからない」「門の開け方がわからない」などの理由で、施設の周囲をウロウロしてしまうことがあります。わからない場合は、施設に連絡をして入リロの場所を教えてもらったり、門の開け方を教えてもらうなど、訪問者としてふさわしい判断をしましょう。皆さんの様子は、地域住民の方や保護者、施設の防犯カメラなどで見られていることもあります。場合によっては、不審者としてまちがわれてしまうこともありますので、気をつけましょう。

確認しよう！ 身支度・持ち物チェックリスト

確認しよう！ 身支度チェック

- □ 服装は、オリエンテーションにふさわしいか。華美になっていないか
- □ 靴はスーツにふさわしい靴か（エナメルやピンヒールではないか）
- □ スカートの長さは、ひざが隠れているか
- □ スカートの長さは、椅子に座った時に相手に不快感を与えない長さか
- □ ワイシャツやブラウスは、胸元が開きすぎていないか
- □ ワイシャツやブラウスの色は派手ではないか
- □ ピアス、イヤリングは外しているか
- □ 指輪は外しているか
- □ ネックレスは外しているか
- □ マニキュア、ネイルはしていないか
- □ 髪型は清潔感があるか（1つにまとめるなど）
- □ 髪の毛で顔が隠れていないか
- □ 前髪が目にかかっていないか
- □ 髪の毛の色は自然な色であるか
- □ メークはしていないか。もしくは、自然なメークか

確認しよう！ 持ち物チェック

- □ 上履き
- □ 筆記用具
- □ 実習日誌
- □ 学校などで指定された書類（履歴書、健康診断証明書など）
- □ 実習先から指定された持ち物
- □ ハンカチ、ティッシュ
- □ 保育所保育指針
- □ 手帳
- □ 靴を入れる袋
- □ あらかじめ聞きたい質問事項

その他、準備をしておくと安心できること

- □ 実習中の目標
- □ 実習中に行ってみたい具体的な内容メモ（絵本の読み聞かせ、○歳児でゲームあそびなど）
- □ 実習中に学びたい具体的な内容メモ（年齢に応じた子どもの育ち、保育士の仕事の内容など）

> 第2段階　実践ウォーミングアップ編

この準備から保育が始まっています！
〜実習に備えて用意しよう（持ち物）〜

　実習先での事前オリエンテーションを終えると、実習先の様子などがわかり、少し見通しがもてるようになります。すると、大きな不安が軽減されると思います。実習開始までには少し時間的な余裕がありますので、この期間を利用して実習に備えて準備をすると、実習中に困らないでしょう。「そんなに慌てなくても、実習中にやればいいじゃないか」と思う人もいるかもしれません。ところが、実習中は普段と異なる生活スタイルになりますから心身ともに疲れ、そのうえで実習日誌を書く必要もありますので、そのほかの準備などの余裕がなくなるものです。ですから、早めの準備をぜひともお勧めします。

　ここでは、実習に向け何を準備するのか、考えていきましょう。

一般的に実習で必要な持ち物

一般的な持ち物

☑ **実習日誌**

　実習開始までに、実習先の概要や実習の目標、施設の見取り図など学んだことは実習開始までに日誌に記述しましょう。日誌は、毎朝実習先に提出するものです。汚したり、破いたり、紛失したりせず、大切に扱いましょう。

> **ちょこっとアドバイス**
>
> 日誌の中には、日々の活動などの記録をするページ、部分実習指導案を記述するページなどがあるでしょう。特に、日々の活動などを記録するページについては、実習の準備段階でコピーをし、予備として持っているとよいでしょう。日誌をうっかり実習先に忘れてくるということも考えられます。コピーを持っていることでそのようなハプニングにも対応できます。

☑ 印鑑

出勤簿に捺印(なついん)します。毎日持参し、なるべく朱肉を使用する印鑑を用意しましょう。

☑ 保育用の洋服

施設によって服装はさまざまです。ジャージ、綿パン、ジーンズ、スカートなど、服装はいろいろありますので、施設の方針に合わせましょう。ズボンの場合、かがむと背中が見え、周囲を不快にさせてしまうこともありますので、背中が見えないように配慮しましょう。また、上に着る服も、Tシャツやポロシャツなどの動きやすいものがほとんどだと思います。ただ、シャツの裾(すそ)の短いものや胸元が大きく開いている服、飾りのついている服は、服にばかり気持ちが向いてしまい子どもとのかかわりに集中できず、保育を行うにはふさわしくありません。素材も、子どもとかかわる時に支障のない綿など肌触りのよいものを選ぶとよいでしょう。子どもがスキンシップを求めてきた時に、肌触りのよい素材だと安心してかかわれます。

また、フードのある服は、フードで子どもの呼吸を妨げてしまったり、後ろからフードをつかまれたりし

て、子どもも大人も危険を伴います。着用しないほうがよいでしょう。袖も、長いものは保育の支障となります。折るか、まくるかして、手がすぐに使えるように工夫しましょう。

☑ 外遊び用の靴

　脱ぎ履きしやすいものがよいでしょう。いくら脱ぎ履きしやすくても、パンプスやヒールでは土の園庭に穴をあけてしまったり、走って足を捻挫してしまう可能性などもあり危険です。また、子どもにとっても、ヒールの先はとがっていますから危険ですね。スニーカーのように、底が平らでヒールがなく、脱ぎ履きしやすいものがよいと思います。皆さんは、子どもの世話をしながら自分の靴を履いたり脱いだりすることを忘れないでください。

☑ 上履き

　上履きを使用しない園もあります。確認が必要です。上履きには名前を書き、間違えないようにします。子どもが生活をしている施設です。綺麗な上履きを使用しましょう。

☑ 靴下

　ゴムが緩んでいたり、穴があいているものではなく、すぐに脱げないような靴下を履きましょう。子どもの視線は低く、足元は子どもがよく見るところですので、子どもに見られていることを意識しましょう。

☑ 外遊び用の上着（特に冬場）

　これは、通勤時に自分で着ている上着とは別に準備します。袖が長い場合は、両手がしっかりと出て、手が使えるようにまくるなどの配慮をしてください。両手が隠れていては、子どもの世話はできませんからね。

☑ エプロン

　実習先によってはエプロンを使用しない場合があります。実習先の方針に従ってください。エプロンは、キャラクターの柄をOKとする施設と、キャラクターの柄をNGとする施設があります。オリエンテーションでアドバイスがもらえると思います。エプロンの長さは、できればひざ丈、もしくはそれよりも短めがよいと思います。ひざよりも長いと、立ったり座ったり歩いたりする動作の際に邪魔になり、動きにくくなります。

☑ メモ帳・ペン

　休憩中などに気がついたことなどをメモしておくと、後に日誌が書きやすいと思います。保育中にメモを取ることを許可された場合は、メモを取ることばかりに夢中になりすぎると、せっかく目の前で起こっているさまざまな出来事とかかわるチャンスを逃してしまいます。メモは、子どもにあまり気づかれないようにささっととるように

心がけ、保育に集中しましょう。また、ペンの扱いには十分配慮をし、ペンで子どもがけがをすることがないようにしてください。せっかく保育の実践のなかにいるわけですから、皆さんの五感と感性を使って学ぶことを優先させましょう。

あると便利な持ち物

☑ 自分専用のマグカップ

　毎日の食事や休憩時間中に使用します。自分のマグカップだと、緊張している実習中でも少しホッとできる気がしませんか？

☑ 箸（はし）

　箸の持ち方は大丈夫ですか？　3歳児クラスぐらいになると、食事では箸を使うようになってくる頃です。皆さんの箸の持ち方も、子どもに見られ、模倣（もほう）されるかもし

れません。箸は、上手に持てることに越したことはないのですが、もし、うまく持てず、子どもがそれを指摘してきたら、「そうなの。先生は箸が上手に持てないの」と、正直に子どもに伝えましょう。言い訳をする必要はありません。

☑ 着替え用の服・靴下・下着・エプロンなど

子どもと生活をともにしますので、どんな場面に出会うかわかりません。もしかしたら、水遊びをしていて実習生が水をかけられてしまうことがあるかもしれませんね。さまざまな場面を想定し、予備の着替えなどが準備できていると安心です。できればタオルや汚れものを入れる袋も準備しておくと困らないと思います。

☑ 年齢に応じた自己紹介のためのグッズ（例えば、自己紹介用のペープサート）

これは、実習を終えた学生がよく話してくれることです。子どもの前で自己紹介をする時、自分のことを子どもに覚えてもらうために教材を活用すると、口頭で自己紹介を行うよりも子どもにとってもわかりやすいようです。例えば、自己紹介用のペープサートをつくって活用したら、子どもたちがとても喜んでくれたと言います。そのほか、自己紹介用の紙芝居をつくった人もいました。視覚的に訴えるものがあると、子どもにもわかりやすく、自己紹介も楽しんでもらえるようです。

☑ 子どもとちょっとかかわるための指人形や人形など

ポケットに入るようなもので構わないと思います。指人形やぬいぐるみなどをポケットに入れておくと、必要に応じて活用できます。何も持たないよりも、子どもとかかわるきっかけづくりにもなりますので、ぜひとも1つぐらいは準備してみてください。丁寧につくれば長く使えます。

☑ 実習時の服に着ける名前ワッペン（必要な施設の場合）

事前に安全ピンの使用が可能か否かを確認しましょう。年齢によって、可、不可を

分けている施設もあります。実習生が作成した名前ワッペンをきっかけに子どもとかかわることができた、泣いていた子どもを抱っこしていたらいつの間にか泣き止んでワッペンを見て遊んでいたといった話をよく聞きます。本来は、皆さんの名前を伝えるためのものですが、子どもにとっては魅力あるおもちゃの1つなのかもしれません。

コラム1

先輩から学ぶ事前準備

A先輩より…

　実習に行くと、自己紹介は必ずします。その時のためのグッズをつくっておくと、何となく安心できます。私は、自分の名前をひらがなにして、自己紹介紙芝居をつくりました。セリフは、一応考えておきました。その通りにはうまくできませんでしたが、絵を見て子どもたちに喜んでもらえてうれしかったです。

コラム2

B先輩より…

　何か1つは子どもの前で演じてみようと思っていたので、手遊びの歌詞に関連した軍手人形をつくり、エプロンのポケットに入れていました。全員の前でも演じさせていただきましたが、日常の遊びのなかで子どもと歌って軍手を使ったり、軍手人形でごっこ遊びをしたりできました。こんなに活用できると思っていなかったので、つくっておいてよかったです。

Point!

保育を行ううえで必要と感じたものは、面倒に思わず何でも準備。とっさの事態にも落ち着いて対応できます。

第 2 段階 実践ウォーミングアップ編

保育者としての自覚が芽生えます！
～実習に備えて準備しよう（スキル）～

　実際に実習を行ってみないと、不安は消えないものだと思います。どのようなことを行うにも、最初、不安を感じることは普通のことです。不安を感じられるということは、それだけ実習を行うことに自覚と責任を感じている証でもあるのです。
　実習までの期間をただ不安がって過ごすよりも、今、皆さんができる準備を確実に行いながら過ごしたほうが、実習での学びの幅も広がることでしょう。
　ここでは、実習が始まるまでに身につけておくと安心な内容について考えておきます。何もできないよりは、少しでも得意なことを身につけておいたほうが、子どもと親しくなりやすいと思います。

実習までに身につけておこう！

　ここでは、実習を終えた学生が"準備しておけばよかったなぁ"と感じた事柄などを紹介します。

絵本や紙芝居を読む練習
自分が好きなストーリーは、セリフを覚えてしまうぐらい練習しておけばよかった。

いろいろな絵本や紙芝居に触れておくこと
子どもたちがいろいろな絵本や紙芝居の話を知っていて、話についていけなかった。

手遊びの練習

なるべく多くの手遊びを練習しておくとよいですが、どんなに緊張してもすぐにできる手遊びが3つから5つあると、落ち着いて演じることができると感じました。私は1つしか思い出せなくて、緊張と反省の繰り返しでした。

民謡や童謡、わらべ歌の練習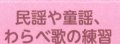

オムツを交換するときや、散歩、低年齢児とかかわるときなどに知っているといいなぁと感じた。保育士さんは、たくさんの民謡や童謡、わらべ歌を知っていてすごいなと思った。

折り紙やあやとり

子どもたちが好んで遊んでいた。私も昔、遊んだ記憶があったが、すっかり忘れていた。子どもたちに何か折ってと言われたがわからず、反対に折り方を教えてもらった。あやとりは、ほうきすらつくれなかった。つくづく知っていればよかったと思った。

文章を書く練習

日誌を書くのがつらかった。基本的な文章の書き方を知らず、ボキャブラリーも足りないなぁと実感した。漢字に自信がなく、ひらがなばかり使っていた。途中で、もっと勉強しておけばよかったと後悔した。

　どれも、実習前に準備できることです。これらの内容は、実は実習だけではなく、実際に保育に携わってからも日々必要になるものです。早めに準備をすれば、実習も必要以上に不安を感じることはありません。反対に、「私はこれだけの準備ができたのだから、実習中に実践してみたいなぁ」と、自信につながると思います。不安ばかりを抱えていると、その雰囲気は子どもにも伝わり、子どもも不安になってしまうことがあります。子どもとかかわるときに皆さんが不安なく楽しんでいると、子どもも安心して皆さんのそばで遊ぶことができます。どのようなことでもすべてが保育につながっており、子どもの育ちにも通じていることを意識しましょう。

🐤 実習までにできること（子どもとのよりよいかかわりのために）

　初めて子どもの前で実践するわけですから、担当の先生のようにうまく演じることはできません。初めての実習で、自分と担当の先生とを比較して落ち込んでいる学生を多く見かけますが、先生は、日々子どもとかかわるなかで試行錯誤を繰り返して今があるのです。決して楽をして今があるわけではありません。しかし、皆さんは、短絡的にプロの保育士と自分を比較してしまうのです。これはよくないことですね。プロの保育士に近づきたければ、今からそれなりの努力をしましょう。努力は必ず皆さんの糧になります。実習前にスキルアップできる事柄を紹介します。

絵本、紙芝居、手遊びなど、子どもの育ちに応じた準備をしよう

　学校の授業のなかで、絵本や紙芝居、手遊びの紹介をしてもらったり、読み方や演じ方の指導をしてもらっていると思います。学校の授業では、皆さんは教えてもらう、いわば受け身の立場です。しかし、実習では、皆さんが子どもに演じる（提供する）立場になります。この立ち場の違いを意識することは、初めての実習において重要です。多くの学生が、「学校で習ったから大丈夫」「知っているから大丈夫」と考えて実習を開始するのですが、「知っている」ことと「できる」こととは異なります。自分が多くの子どもの前で演じるためには、何度も練習を積み重ね、身体で覚えていること、「できる」ことが大切になります。身体で覚えていると、自然と演じることができると思います。

☑ 絵本

　本来、絵本は、1人あるいは数人の、小人数の子どもに向けて読むことを目的としてつくられています。子どもと大人が同じ向きに座り、子どもが大人のひざに乗りながら、あるいは隣同士に座りながら1ページずつめくりながら読み進めていくことに絵本のよさがあるのです。

　保育所など、集団の場で子どもに向けて絵本を読む場合は、絵本が子ども全員に見えるかどうか配慮しましょう。下読みをし、絵本にばかり顔を向けていないように

して、子どもの表情を時々見ながら慌てずに読み進めます。絵本は子どもに見えるようにしっかりと開き、絵が見えないようなことがないように持ちましょう。また、読みながら絵本が揺れないようにしてください。とても見にくくなってしまいます。皆さんの頭や髪の毛で絵本を邪魔してしまうこともあります。せっかくの楽しみな絵本の時間が台無しです。子どものための時間ですから、自分のことばかりに夢中にならず、絵本を通して子どもとの対話を楽しみましょう。

　絵本を選ぶ基準としては、低年齢児は、ことばの本、動物、乗り物、食べもの、挨拶など、子ども自身が生活として体験しているものが好まれます。擬音語や擬態語などが出てくる本も、ことばの遊びとして楽しめます。幼児クラスになると徐々にストーリー性のある本を好むようになります。また、科学の本などもよいでしょう。

☑ 紙芝居

　紙芝居も、配慮することは基本的に絵本と同じです。紙芝居は演じるものですので、登場人物によって声色を変えて読み進めます。また、紙芝居は大勢の子どもに読むことを目的としてつくられていますので、子どもにとっても見やすいと思います。舞台を使用すると、紙芝居のよさがさらに引き出されます。

＊読み終わったら…

　よく、絵本や紙芝居を読み終えると、「どうだった？」と子どもに尋ねる人がいます。なぜ、尋ねるのでしょう？　尋ねると子どもの何が育ちますか？　子どもはお話を読んでもらい、それぞれの心にそれぞれの思いを感じます。それは、子どもの宝物であって、皆さんが楽しかったのかどうだったのかを質問して、自分の読み聞かせの成果を問うものではありません。子どもは正直ですから、絵本が面白ければ「また読んで」とあとから言ってきます。

☑ 手遊び

　なぜ、手遊びを子どもに行うのか考えたことはありますか？　残念なことに、手遊びの意義を考えないまま、時間つなぎとして、あるいは絵本などを読む前に子どもに集中してもらいたいからという理由で活用されている傾向も否めません。実  習生として、手遊びをたくさん覚えていたほうがよいことは言うまでもありませんが、「子どもにどのように育ってほしくて手遊びをするのか」を考えることも必要でしょう。手遊びだけでもたくさん楽しめます。

　演じる際に配慮したいことは、まず、皆さん自身が楽しんで行うということです。また、子どもに右手を出してほしい時には皆さんは左手を、子どもに左手を出してほしい時には皆さんは右手を出す、つまり、子どもの鏡になって演じることが大事です。

　手遊びに絶対的な対象年齢はありません。皆さんが演じてみて、子どもたちが楽しく一緒に演じられるものがよいと思います。そのためには、自分が得意とする手遊びを中心に、いろいろな手遊びを練習しましょう。手遊びを知っていたことで、子どもから「手遊びの先生」と言われたと、学生が嬉しそうに話していました。子どもから認められた証ですね。

　緊張して演じると、どうしてもテンポが速くなります。子どものリズムに合わせて少しゆっくり演じるように心がけてください。早いテンポだと、気持ちも落ち着かなくなってしまいます。

　皆さんが演じようとする手遊びを聞いて、「そんなの、もう知っているよー！」なんて子どもに言われ、どうしてよいか困ってしまう場合があります。しかし、手遊びのよさは、地域や演じ手によって少しずつ異なることです。ですから、困らないでください。「知っているの？　じゃあ、先生の手遊びと皆が知っている手遊びの違うところを探してね」などと言いながら楽しみましょう。手遊びのよさの1つは、ことばをリズムに乗せて楽しめることです。

🦆 実習までにできること（保育者として成長するために）

　実習には、記録がつきものです。ほとんどの学生が、「書くのが苦手」のようです。実習の授業でも記録（特に日誌）の書き方などの指導を行いますが、それだけで「苦手」を克服することは難しいのではないでしょうか。日々のささやかな積み重ねを大切にしましょう。保育者は日々記録を残します。また、おたよりなどは、保護者も目を通します。今からの心がけ次第で、だいぶ上手に書けるようになると思います。

文章や記録作成のための基本事項を確認しましょう

　実習が始まるまでに、日ごろ学校で行う課題やレポート作成などの作業を通しながら、文章作成や記録作成のスキルアップを目指しましょう。文章作成の基本事項を意識する積み重ねを行うだけでも大きな力となります。具体的にどのようなことに配慮すべきかを、以下に紹介します。

漢字を使いましょう

　漢字がわからず、ひらがなを多く使う人がいます。調べる手間を惜しまずに、調べて正しい漢字を使いましょう。実習日誌を書くなかで、実習先から「漢字を使用し、正しく書きましょう」とアドバイスをされる学生も少なくありません。

書きことばと話しことばの区別、正しい日本語表現を意識しましょう

　文章を書くなかで、書きことばと話しことば、不適切な日本語表現に意識して書いてみましょう。例えば、以下のような表現です。

「〜でした。**なので**、…」　　▶　「〜でした。そのために…」

「**〜って言ってました**」　　▶　「〜と話していました」

「**〜だったんで**」　　▶　「〜でしたので」

「**やっぱり**」　　▶　「やはり」

「ちょっと」	▶	「少し」
「びっくり」	▶	「驚く」
「やっちゃった (失敗したこと)」	▶	「失敗をした」

＊小さい「っ」が入ることばは、基本的に文章では使用しません。

| 「字を書くやつ」 | ▶ | 「字を書く道具」 |
| 「紙芝居を入れるやつ」 | ▶ | 「紙芝居を入れる道具」または「舞台」 |

＊「〜のやつ」という表現は、便利なようで日誌でもよく見かけますが、ほかにふさわしいことばがあるはずです。面倒がらずに考え、調べましょう。

「手遊びをやる」	▶	「手遊びを行う・演じる」
「紙芝居をやる」	▶	「紙芝居を演じる」
「ピアノをやる」	▶	「ピアノを弾く」

＊「〜をやる」ということば1つでは、内容が薄く感じられてしまいます。

第2章

<実習開始>
実習初日

社会人としてふさわしい身だしなみは？
～通勤時のスタイルで気をつけること～

　いよいよ実習が始まります。緊張と不安、期待など、いろいろな気持ちを抱えて実習先に向かうことでしょう。忘れ物はないか今一度確認をし、実習先には余裕をもって到着するように心がけるだけでも気持ちが落ち着きます。
　自宅を一歩出た瞬間から実習の始まりです。社会人としての程よい緊張の糸を張って出発しましょう。ここでは、通勤時のスタイルを確認しましょう。

一般的な通勤服

　さて、実習への通勤服は、多くがスーツだと思います。オリエンテーションでの身だしなみを思い出しましょう。

服　装：スカートは短すぎませんか？　ワイシャツの胸元は開きすぎていませんか？
　　　　（スカートの場合は、電車やバスに乗って座った場合、必ず**ひざとひざをそろえて座る**ように意識しましょう）

靴　　：実習生として通勤にふさわしい靴を履きましょう。高すぎるヒールやエナメル素材であったり、華美になりすぎる靴は避けましょう。

メーク：ノーメーク、もしくはナチュラルメークを心がけていますか？　実習先に行ってからは、メークを落としたり、直す時間の余裕はありません。低年齢児クラスでは、抱っこをしたりおんぶをしたりするなど、皆さんの肌が子どもに触れる可能性が高くなります。子どもの立場に立ったメークを心がけましょう。

アクセサリー　：実習では必要ありません。誤飲など、危険につながります。
ヘアースタイル：髪を束ねる、前髪が顔にかからないようにするなど、清楚なスタイルを心がけてください。目が隠れるほど前髪を垂らしていると、子どもに「怖い」印象を与えてしまうこともあります。
　　　　　　　　低年齢児クラスに入る場合は、子どもの世話をした際に、髪の毛が子どもにかからないように十分配慮をしてください。髪の毛の色も自然な色を選びましょう。

＊通勤時のスタイルは、実習先の先生だけではなく、園児の保護者や近所の人にも見られています。皆さんが本当は素晴らしい人なのに、実習生という立場から逸脱した服装だと、皆さんのことが誤解されてしまいます。「第一印象は身だしなみから」ということを忘れずに。皆さんも、よく知らない人のことを判断する時には、まず見た目から判断しませんか。

もし、「私服でどうぞ」と言われたら

　実習先によっては、毎日スーツでは大変だからと配慮をしてくれて、「私服で通勤してきてよいですよ」と言ってくれることもあります。そのような場合、皆さんはどのような服装を選択しますか？　大切なことは、社会人としての身だしなみということです。"私服"ということばに甘えて、ミニスカートやホットパンツ、非常に派手な色の服、肌の露出が大きい服、ピンヒールなど、プライベートで身につけるような服装をする人もいるようです。あくまでも"実習生としての私服"を心がけましょう。
　また、実習に着ていくような服は持っていないという人もいると思います。そのような人は、スーツを活用しましょう。服装で周囲の人に不快感を与えたり、誤解を招かれないことが大切です。

実習生としてイメージのよい服装を！

確認しよう！ 身支度・持ち物・身だしなみチェックリスト

実習初日の持ち物や服装を、チェックリストで確認しましょう。
忘れ物はありませんか？

確認しよう！ 持ち物チェック

- ☐ 実習日誌（必要事項は記入を済ませている）
- ☐ 筆記用具
- ☐ 印鑑
- ☐ 上履き
- ☐ 靴下
- ☐ 保育用の外履き（ズックのような脱ぎ履きしやすいもの）
- ☐ エプロン（必要な場合）
- ☐ 学校から指定されている書類など（細菌検査の結果など）
- ☐ 実習先から指定されている持ち物（マグカップなど）
- ☐ 保育用の上着（冬の場合）
- ☐ 予備の着替え
- ☐ 給食費（必要な場合）
- ☐ 絵本（自分で読みたい作品がある場合）
- ☐ 手遊びの歌詞（準備をした場合）
- ☐ 自己紹介用グッズ（準備をした場合）
- ☐ 手づくりおもちゃ（準備をした場合）
- ☐ ティッシュ、ハンカチ

確認しよう！ 身だしなみチェック

- ☐ 社会人として自覚ある服装か（相手に不快感を与えない）
- ☐ 　胸元
- ☐ 　スカートの丈
- ☐ 　露出度
- ☐ 　服装にふさわしい靴か
- ☐ 子どもが触れても安心、安全、自然なメークをしているか（もしくは、ノーメーク）
- ☐ 清楚な感じの髪型か
- ☐ 長い髪をまとめているか
- ☐ 前髪は垂らしていないか
- ☐ 自然な髪の毛の色か
- ☐ 子どもの世話をするのに髪の毛が子どもにかからないか
- ☐ 爪は短く切ってあるか
- ☐ アクセサリーはつけていないか

> コラム

公私の区別

　実習先では、実習生は一社会人としてみなされます。そのため、公私の区別が必要です。では、いったいどこからが「公」でどこからが「私」なのでしょうか？

　端的に言って、自宅を出て自宅に戻るまでが「公」です。実習先の先生方がとても親切で、「普段どおりでいいのよ」なんてことばをかけてくれると、つい気持ちが緩んでしまいます。実習先の先生方は友だちではありません。何のために今自分がここにいるのかを忘れず、節度ある態度で過ごしましょう。

　休憩中に、携帯ばかりに集中してしまうことにも気をつけましょう。休憩中であっても実習中であることを心がけ、同じく休憩をとっている先生方とコミュニケーションをはかるなどしたいものです。そうすることで、新しいアイデアや保育のヒントが得られる場合があります。また、実習先の門を出ると、今日も1日終わったとホッとしますが、保護者や近所の人とどこで出会うかわかりません。歩きながら大きな声で携帯電話で話したり、近所の迷惑、マナーに反するようなことは決して行わないようにしましょう。毎日、自宅に戻るまでが実習だと考えましょう。

自宅に帰るまでが実習！

身だしなみは誰のため？
～実習中のスタイルで気をつけること～

　実習中、なぜ身だしなみに配慮をする必要があるのでしょう？　学校で指導されたからでしょうか？　評価をよくするためでしょうか？　たしかにそういう理由もあるかもしれません。しかし、最も大切なことは、皆さん自身が専門職としての姿勢を周囲に伝えるためではないでしょうか。あるいは、保護者の方々が皆さんを信頼し、安心して子どもを預けてくださるためではないでしょうか。また、日々接する大人を見本として、人としての生き方や過ごし方を学んでいる子どもが、安心して安全に生活を営めるためではないでしょうか。子どもから見て、保護者から見て、保育士という専門職として、自分の身だしなみは適切なのかどうかを考えられるということは、すでに保育者としての自覚が芽生えているということだと思いませんか？
　ここでは、身だしなみについて、その理由も含めて、今一度、確認しましょう。

❋ 一般的な実習での身だしなみ

　実習を行う服装（保育着）で通勤をすることはまずないでしょう。通勤着と実習着とは分けましょう。履くものは、綿のズボンやジャージ、ジーンズなど、実習先によってさまざまです。夏ならば、ひざ丈程度の半ズボンに半袖のＴシャツやポロシャツということもあるでしょう。子どもとかかわるのにふさわしく、周囲の人々に不快感を与えない服装を心がけましょう。

配慮したいこと

☑ ズボン

　冬ならば長いズボン、夏ならばひざ丈程度の半ズボンということもあるでしょう。どちらにしても、ズボンの裾の処理をしているものを履きましょう。ジャージやジーンズの場合、切りっぱなしのままで着用している人もいますが、実習は自宅でくつろいでいるのとは状況が異なりますので、動きやすい服装といえども、仕事を行う衣装として考えましょう。

　また、最近のズボンは、股上が浅めのものが多くあります。しゃがんで子どもと遊んだりする際に、背中が見えていることに気づかないこともあります。子どもには「おなかをしまいましょうね」「背中が見えないようにシャツをしまいましょうね」などと配慮をしているのに、その大人の背中が見えていては、子どもがそれでいいのだと真似をしてしまいます。子どもにとってのよい手本となれるように、身だしなみは背中にまで意識をしましょう。

☑ シャツ（Tシャツ、ポロシャツ、トレーナーなど）

　寒い季節は、長袖のシャツや、その上にトレーナーなどを重ねて着ることでしょう。その際は、シャツの袖で手を隠さないようにしましょう。もし、袖の長めのシャツを着る場合は、まくるなどの配慮をしてください。子どもの世話をするのに、シャツの袖がだらだらと長く、手が隠れていては、十分な世話はできません。袖の長い子どもにも「手が使えるように袖をまくりましょうね」と言ってまくるようにことばをかけているのですから、大人が子どもの手本となりましょう。

　トレーナーなどは、フードがついていないものを着ます。低年齢児は、おんぶをした場合、フードが子どもの顔にかかり、窒息の危険がありますし、幼児クラスの場合は後ろから子どもが皆さんのフードに飛びつき、首をしめつけられて苦しくなることもあります。子どもにも皆さんにも危険

がありますので、フード付きの衣類は着ないことです。

　夏の暑い季節の実習では、半袖のTシャツやポロシャツを着ると思います。暑いからといって、タンクトップやノースリーブを着ることは、子どもの世話をする格好としてふさわしくありません。子どもを抱っこしたり、一緒に遊んだりと、子どもと接触する機会が多いですから、必要以上に肌を露出することは避けたほうがよいでしょう。

☑ 外遊び用の靴

　子どもと遊んだり、散歩に行く際に使用しますので、脱ぎ履きしやすい靴を準備するよう、実習先から指定されることが多いと思います。ですから、ヒールのない平らな靴で、ひもを結ぶ必要のない靴を準備しましょう。

　皆さんは、子どもの世話をしながら自分の靴を履いたり脱いだりします。自分の準備だけに集中している時間のゆとりはないので、すぐに履いたり脱いだりできるもの（サンダルではなく）が望ましいです。時々、履き慣れているし、脱ぎ履きしやすいからと、ヒールのある靴を準備する人もいるようですが、ヒールは走りにくいですし、つまずいた場合にけがをしやすいです。また、土の園庭に穴をあけてしまうこともあります。ですからヒールのある靴は避けましょう。

☑ メーク

　ノーメーク、もしくは自然な表情に映るメークを心がけてください。子どもにとって自分がどのように映るのか、子どもに受け入れられやすいメークかどうか、子どもに迷惑なメークではないか（口紅が濃くて子どもに口紅がついてしまう、化粧の匂いで子どもが咳やくしゃみをしてしまうなど）、

保護者から見て安心して子どもを預けられる保育者らしいメークかどうか確認しましょう。

☑ ヘアスタイル

低年齢児クラスの場合は、子どもをおんぶする、抱っこする、授乳するなど、子どもとの距離が非常に密接しています。皆さんの髪の毛が子どもの顔にかからないように十分配慮してヘアスタイルを考えてください。また、顔を出すことに自信がもてずに、髪の毛でわざと顔を隠すようにしている学生もいます。しかし、

それは消極的なタイプだと誤解されやすいヘアスタイルです。子どもからも親しまれにくいので、皆さんの笑顔が子どもに見えるようにしましょう。

ピン止めは、万が一落ちてしまい、それを拾った子どもが誤って口にしたり飲んでしまったりすると危険ですので、実習先の先生に事前に確認しましょう。

☑ 身だしなみ＋α…笑顔

実習生として身だしなみに配慮できているならば、ぜひ表情にも意識を向けましょう。子どもは無表情な人よりも微笑みを向けてくれる大人のほうが好きです。笑顔で接すれば、子どもも早く仲よくなってくれるかもしれません。緊張しすぎて無理という人は、口角を上げるだけでも表情が明るく見えます。

Point!
身だしなみは信頼を得る第一歩！

ことばや立ち居振る舞いは人柄を表します！
～実習生（社会人）としての心がけ～

　他人の振る舞いを見て、「素敵だなぁ」「上品だなぁ」などと思うことはありませんか？　反対に、「ちょっと恥ずかしいなぁ。どうして気づかないんだろう」と、こちらまで恥ずかしくなるような振る舞いがありますよね。誰もが行っている同じ振る舞いなのですが、真似をしたくなる振る舞いと、周囲に不快感を与えてしまう振る舞いがあります。皆さんは、いかがですか？

　立ち居振る舞いやことばづかいには、日頃の生活の姿が無意識のうちに現れています。子どもは、私たちが意識をしていることよりも無意識のうちに現れている行動や言動、しぐさを見て人としての振る舞い方、ことばのつかい方を学んでいきます。授業で学んでいると思いますが、保育における「環境」では、「人」も大切な環境として考えられているのです。皆さんが「素敵だなぁ」と思われる立ち居振る舞いやことばづかいをしていると、きっと子どもが真似をして、周囲から褒められるようになるのかもしれません。子どもたちは、ちょっとしたことでも褒められる経験が積み重なっていくと、自己肯定感が育まれ、生きていく力を育むことになります。皆さんのちょっとした素敵な立ち居振る舞いやことばづかいへの配慮は、子どもの望ましい育ちをサポートすることにつながっているのです。

Point!
自分自身のなにげない動作、ことば、表情にこそ配慮して！

挨拶の意義と役割

　皆さんは、なぜ挨拶を行うのか、考えたことはありますか？　挨拶は当たり前すぎて考えたことなどないかもしれません。そうなのです。挨拶は、人として生活をするためのごく自然な行為なのです。挨拶をするということは、お互いによい関係を築いていくために大切なことです。コミュニケーションの初級編ともいえます。

　実習で皆さんが、実習先の先生や職員、保護者、子どもに挨拶をするということは、「今日、私は元気にここにいます。今日もよろしくお願いします」というメッセージを含んでいるのです。つまり、挨拶を通して自分の存在を周囲に伝え、自分からかかわりをもとうとする前向きな姿勢の表れなのです。

　近頃、「挨拶をした**つもり**なのに、周りの人が**気づいてくれなかった**」といった話をよく聞きます。周囲の人が誰も気がつかないような挨拶は挨拶ではありません。独り言です。緊張をしていても、実習先では明るい表情で、相手に向かってしっかりと届く声の大きさで挨拶をしましょう。挨拶をされて嫌な気分になる人はいません。

　子どもとのかかわり方が下手でも、日誌がうまくかけなくても、挨拶は誰にでもすぐにできます。挨拶だけでも気持ちよくできると、"笑顔で気持ちのいい挨拶をする実習生"という素敵なイメージにつながります。また、皆さんのそうした挨拶は、子どもも真似をし始めます。そう、挨拶はいいことづくめなのです。

場面に応じた挨拶

　挨拶は相手に向かって、相手に伝わるように言いましょう。"言ったつもり"の挨拶は挨拶ではありません。

　場面に応じ、さまざまな表現があります。実習で実践し、身につけていけるとよいですね。

● 挨拶のいろいろ

「おはようございます」

「よろしくお願いいたします」

「どうもありがとうございました」

「申し訳ございませんでした」

「失礼いたします」

「お先に失礼いたします」

「明日もよろしくお願いいたします」

「体調を崩し、ご迷惑をおかけい
　たしました。回復しましたので、
　本日から再びご指導をよろしく
　お願いいたします」

「休憩をいただきます」

「休憩をありがとうございました」

「お手洗いに行かせてください」

「ただいま戻りました」

＊子どもには、挨拶をしましょうと教えても、大人が挨拶をしなければ、子ど
　もは挨拶を知らずに育ってしまいます。皆さんの日々の姿は、実は子どもの
　育ちにつながっているのです。

❋ ことばのつかい方

こんなことば、日頃から使っていませんか？

「○○ちゃん、マジかわいい」

「○○ちゃん、チョーかわいい」

「(子どもがかわいすぎて) ヤバい」

「おもちゃ、投げちゃダメじゃん」

「○○ (子どもの名前を呼び捨て)、
手を洗え！」

「イッテーな（痛いな）」

「了解でーす」（上司や年長者に向
かって）

「お疲れ様で〜す」（帰りがけの挨拶
として）

実習先に行ってから、社会人らしいことばを選んで使えば大丈夫と考えている人もいるでしょう。しかし、どんなに緊張をしている場面でも、咄嗟（とっさ）に出てくることばは、確実に皆さんが日頃から使い慣れていることばです。

ことば1つで、本当はそのような人ではないのに、乱暴な人にも、横柄（おうへい）な人にも、いい加減な人にも、さまざまに誤解されて見られてしまいます。もし、本当に保育者という専門職を目指すのであれば、子どもが真似してもよいことば、保護者に聞かれてもよいことばが自然に出てくるように、今から意識をしてことばを使う練習をしておきましょう。

立ち居振る舞い

事例を2つ紹介します。あなたは2人の実習生のことをどのように思いますか？

返事はしたけれど…

実習生のAさんは、3歳児クラスで子どもたちとお絵かき遊びをしていました。担任の先生に、「Aさん、遊びが一区切りしたら、○○ちゃんの様子を見てください」とお願いをされました。Aさんは、子どもと遊んでいたので、先生のほうは向かず、はっきりとした声で「はい」と返事をしました。

Aさんは、お願いしている相手の顔を見ていません。子どもと遊んでいても、返事をする時ぐらいは先生のほうを向くことはできるはずです。相手の顔を見て返事をすることは、挨拶の基本だということを皆さんも知っていますね。Aさんは、社会人としてのちょっとした配慮を欠いています。残念なことです。

子どもの真ん中で…

　実習生のBさんは、笑顔が素敵で、子どもとかかわることも上手です。1歳児クラスの子どもとごっこ遊びのようなことをして遊んでいました。Bさんは、遊びに夢中になるあまり、自分が普段自宅で最も座りやすいあぐらをかき、おままごとコーナーの真ん中に座っていることにまったく気づきませんでした。担任の保育者に声をかけられて、自分の座り方や座る位置などに配慮できるようになりました。

　Bさんは、「保育者は環境の一部」ということをすっかり忘れ、ただただ子どもとの遊びを楽しんでいます。子どもとの遊びを楽しめることは、とてもよいことです。しかし、Bさんが真ん中にドカンとあぐらをかいていては、子どもの遊ぶ空間を邪魔していることになってしまいます。さらに、Bさんの背後でどのようなことが起こっているのかまったく把握できません。また、あぐらをかいていては、咄嗟の時にすぐに立ち上がることはできません。保育者としてその場にいるのであれば、子どもたちが見渡せる端で、正座などのすぐに立ち上がれる態勢で腰を下ろし、Bさんの背面で遊んでいる子どもがいないように配慮します。そうでないと、もし、Bさんの見えない背面で事故やけがなどにつながりそうなことがあっても、瞬時の対応ができません。

＊時々見かけます…
　片ひざを立てて座っている、足を投げ出して座っている、保育室の真ん中に座っている、常に髪の毛をいじっている、お辞儀をしない、人を見ない、目を合わさずに挨拶をする、両手をTシャツの中に隠している、靴のかかとを踏んでいる、自分の脱いだ靴をそろえない…。
　今一度、自身の振る舞いを見つめ直し、気づいたところは改善していきましょう。

> **コラム**

日常の生活習慣が実習に影響すること

　Ａさんは、箸を使うことが苦手です。実習で、４歳児クラスの子どもと一緒に昼食をとっていました。子どもたちは箸を使っていましたが、Ａさんは自宅から持参したスプーンで食事をしていました。Ｂちゃんが、Ａさんをじっと見て「ねぇ、先生さぁ、大人なんだから箸使うんじゃないの？」と話しかけてきました。Ａさんは、「先生ね、お箸使えないんだ」と返事をしました。するとＢちゃんが「大人でしょ。がんばって！」と励ましてくれました。

　日々のなにげない生活の繰り返しこそ大切にしたいですね。

✳「もしも」の時の行動

　「ホウ・レン・ソウ」ということばをご存知ですか？　報告・連絡・相談。知っていても、実行していない人も多くいるのではないでしょうか？

　人同士が協力をして働く場合には、どのような場所でも同じことが言えると思いますが、実習先でも、子どもが安心して安全に生活を送っていくために、「ホウ・レン・ソウ」が大切になります。

> **ホウ（報告）**
>
> 実習中は、先生方から指示を受けることがあります。指示を受けた事柄が済んだら、必ずその状況や結果を、指示を出した先生に報告しましょう。例えば、「○○ちゃんの午睡の援助をしてください」と指示を受けたとします。○○ちゃんが入眠したら、「○○ちゃんがお昼寝をしました」と報告します。報告をすることで、皆さんが責任をもって行動できることが伝わります。もし、指示を受けたことがなかなかうまくできなかった場合も、その状況や経過を報告することで、新たなアドバイスを受けることができます。

レン（連絡）

もし、朝、保護者から「昨日、家ではさみを使っていたら人差し指を少し切ってしまったようなので、今日はばんそうこうを貼って登園させました。特に心配はないです」と話を伺ったら、必ず担当の先生に連絡をして情報を共有します。どのような些細なことでも、連絡をし、情報を共有することで、子どもが安心して生活できますし、保護者も、どの先生も知っていてくれるので、安心して子どもを預けてくれます。また、園全体で子どもに配慮することができます。

ソウ（相談）

皆さんはまだ保育のプロではありません。実習中はわからないことやどうしたらよいのか判断に悩むことだらけです。どうしてよいのか悩んだら、どのようなことでも構いませんので、迷わず相談をしましょう。皆さんがどのような気持ちをもって実習に取り組んでいるのかを、先生方も理解できますので、的確なアドバイスが得られます。よく、先生方が忙しそうで、相談をしたかったけれどタイミングがなかったという話を耳にします。保育者が暇な時はありません。皆さんから「今、お時間よろしいでしょうか？」などとことばをかけながら、タイミングを見つけて相談をします。

質問されて嫌な人はいません。また、「忙しそうだから」「質問はないですかと言ってくれなかったから」などと言い訳して質問をしないことは、受け身な姿勢と捉えられて、皆さんが保育者となるためにはよいこととは言えません。自分から聞きに行く勇気をもちましょう。

確認しよう！ 行動チェックリスト

確認しよう！ 行動チェック

- □ 挨拶は、相手を見て、相手に伝わる声で行っている
- □ 挨拶は、笑顔で行っている
- □ 相手の顔を見て返事をしている
- □ 相手にわかるように返事をしている
- □ 保育中には、個人の携帯電話を見ない
- □ 携帯電話は、マナーモードにしている
- □ 保育中、手はポケットやシャツから出している
- □ 日誌のためにとメモばかり取っていない
- □ 子どもとかかわる際に、あぐらをかかない
- □ 子どもとかかわる際に、足を投げ出して座らない
- □ 子どもとかかわる際に、片足だけひざを立てていない
- □ 子どもとかかわる際に、正座など、すぐに立ち上がれる姿勢をとっている
- □ 子どもとかかわる際に、保育室の真ん中に自分が腰を下ろしていない
- □ 背中を子どもに向けて座っていない
- □ 子どもとかかわる際には、自分は、背中を壁側にして、子ども全体が見渡せる位置に座っている
- □ 保育者としてふさわしいことばを使っている（じゃん、マジ、超、ヤバいなどのことばは使用していない）
- □ 子どもの高さまでしゃがみ、子どもの目を見て話を聞いている

実習生としてどのように出会いますか？
〜担当保育者との出会い〜

　実習初日は、さまざまな人との初めての出会いがあります。それは、子ども、園長先生、保育者、事務などの職員、給食室の職員、保護者など、多くの人との出会いです。
　初めての出会いは、お互いのイメージを印象づけますので大切にしたいものです。できれば相手によい印象をもってもらいたいと思いませんか？
　初めての出会いの場面を想像しながら、自分ならどうするかを考えてみましょう。

全職員との出会い（自己紹介を含める）

　実習初日は、朝礼など、全職員の前で皆さんが紹介されると思います。

　例えば、

> おはようございます。
> 本日より実習でお世話になります○○大学の○○○○です。
> 今回、初めての実習です。
> この実習では、○○や○○について学びたいと目標にしています。
> どうぞよろしくご指導お願いします。

　と、心のなかは緊張をしていても、**表情は笑顔**で、先生方の**顔を見ながら**、全員に**届く声の大きさ**（必要以上に大きい声を出す必要はありません）で自己紹介をすると

いうのはいかがでしょうか？

　今回の実習では、**何を学びたいのか**をしっかりと先生方に伝えると、実習中にいただくアドバイスも、皆さんが学びたい内容に関係することが多くなり、皆さんの実習が充実した、オリジナリティのあるものになるでしょう。

　自分の名前と所属、よろしくお願いしますという挨拶だけで終えてしまうと、先生方も何をアドバイスしたらよいのか戸惑ってしまいます。よく、「～してくれなかった」と、してもらうことばかりを考えて、「何もしてくれなかったから自分は何も学べなかった」と実習生としての立場を誤解している人がいます。しかし、実習先は子どものための施設であって、皆さんをお客さんとしてもてなすための施設ではありません。ですから、ぜひ、初日の自己紹介でも、目的を明確に先生方に伝えて、自分から学ぶ姿勢をアピールしましょう。

ある実習生の初日の朝礼時の自己紹介案

おはようございます。
本日より実習でお世話になります。
○○○○大学の○年生、○○○○です。
私は、明るくて笑顔がよいと友だちからよく言われます。
実習でも、笑顔を心がけて子どもたちとかかわりたいと思います。
しかし、文章を書くことが少し苦手です。
実習では日誌もあるので、日誌にも力を注いでがんばりたいと思います。
どうぞよろしくお願いいたします。

　この自己紹介からは、実習生がどのような人物で何を学びたいのかがわかり、先生方も実習生にかかわりやすくなると思いませんか？

クラス担当との出会い

　初めての実習では、さまざまなクラスで実習を行うことが多いため、数日おきにクラス担当の先生が変わることもあります。実習クラスが変わったら、その都度、簡単な自己紹介を含めた挨拶を心がけましょう。

　先生方は、初日の挨拶で皆さんが実習生であることは承知していますが、自分のクラスに実習生が来るということで、接点が多くなります。改めて挨拶をすると、お互いに気持ちよく過ごせます。

　このような挨拶はいかがでしょうか？

> ○○先生、おはようございます。
> 実習生の○○（氏名）です。
> 今日、明日の2日間、○○組で実習をさせていただきます。
> よろしくご指導お願いします。
> 今、お手伝いすることはありますか？
> （※あるいは）
> 引き続き、子どもと遊んでいてよろしいでしょうか？

　大人同士のやりとりは、子どもたちが見ています。皆さんの挨拶の仕方を見て、子どもたちは、挨拶はどのような時に、どのように行うのかを学んでいきます。大人同士の挨拶なのですが、実は子どもの学びの場でもあるのです。なにげないことこそが、「人」としての環境なのです。

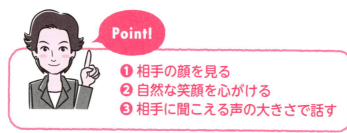

Point!
❶ 相手の顔を見る
❷ 自然な笑顔を心がける
❸ 相手に聞こえる声の大きさで話す

なお、保育所の場合は、早番、遅番勤務もありますので、すべての保育者が朝出勤をしてくるとは限りません。もし、遅番の先生が出勤してきたら、タイミングを見計らって挨拶をすると、お互いに気持ちよく過ごせるでしょう。

　なお、次の日の配属クラスがわかっている場合は、前日の退勤前にあらかじめ挨拶をしておくこともよいと思います。

緊張しすぎて…

　実習生のAさんは、とてもまじめで一生懸命な学生です。実習初日、「ちゃんとしなくちゃ」という気持ちが強く、出会う先生に必ず挨拶をしていました。
　ところが緊張しすぎており、挨拶した先生の顔まで見ていませんでした。後から知ったことですが、実は、同じ先生に3回も「おはようございます」と挨拶をしていたのです。

　Aさんは、自分の性格を理解していたので、「これではいけない。もっとリラックスしよう」と失敗を振り返り、その後の実習に取り組んだそうです。すると、先生からも、「表情がやわらかくなって、よい雰囲気ね」と褒められ、自信がついたようでした。
　適度な緊張と適度なリラックスのバランスは、大事なのですね。

はじめの一歩が大切！
初めての保育室にどのように入りますか？
～子どもとの出会い～

　初めて保育室に入る時は、緊張を伴います。先輩たちも、「泣かれちゃったらどうしよう」「嫌われちゃったらどうしよう」「誰も来てくれなかったらどうしよう」「子どもと仲よくできなかったらどうしよう」など、さまざまな不安を抱えながら、初めての保育室に足を運んだようです。しかし、いざ、子どもと出会ってみると、それまでの不安が嘘のように、上手に子どもとかかわれるようです。

　子どもと仲よくなれることはとてもよいことです。しかし、皆さんが実習を行う施設は、子どものための施設です。ということは、子どもの生活の流れを妨げることなく、子どもが心身ともに安心して過ごせる場であることを意識する必要があります。

　ここでは、子どもの生活を妨げないポイント、子どもとのよい出会い方をお伝えします。

❋ 年齢に応じたかかわり

低年齢児クラス（特に0歳児）

　低年齢児クラスで実習を行う時、特に0歳児クラスで実習を行う場合です。子どもは日々世話をしてくれる先生に大きな信頼を寄せていますので、初めてクラスに入る皆さんは、まずは微笑（ほほえ）みながら自然にそーっと保育室に入りましょう。子どもたちは、知らない人が来たとわかりますので、さまざまな反応をします。人見知りの時期の子どもは泣くでしょう。初めての人が苦手な子どもは、保育者の後ろに隠れるでしょう。なかには、遊びの手を止めてじっとあなたのことを観察する子どももいます。バイバイをしてあなたと距離をとりたいこと

を表現する子どももいるでしょう。

　どの子も、あなたとの初めての出会いを通して、「この人は自分にとって安全な人かなぁ」と子どもたちなりに考えています。とても賢い行為ですね。

　ですから皆さんは、子どものそのような思いを邪魔することなく、自然に微笑みながら保育室に入り、まずは隅のほうで子どもの様子を観察しましょう。

　その際には、正座がよいと思います。なぜなら、皆さんが足を出していると、まだ歩行の安定しない子どもたちは、皆さんの足につまづき、けがをすることもあるからです。

　自分からあなたにおもちゃを差し出し、かかわりをもとうとしてくる子どももいます。そのような様子を見て、「この人は大丈夫だ」と、ほかの子どもも判断し、あなたを徐々に受け入れてくれるようになります。常に慌てずに、ゆったりとした気持ちでいることが大切です。

　童謡や民謡、わらべ歌など、子どもと一緒に楽しめるものがあるとよいですね。

　くれぐれも、あなたの背中は、壁に向いているように配慮しましょう。背中を子どもに向けません。また、大きな声も必要ありません。かかわっている子に届く声で十分です。大きすぎる声は、ほかの子どもの遊びを邪魔してしまいます。大きな声で保育を行うという誤った理解は払拭しましょう。

はじめだけだった（学生の感想）

0歳児クラスに実習に入ると、人見知りの子どもに大泣きされると聞いていました。最初、ドキドキしながら保育室に入りました。やはり泣かれましたが、最初だけで、散歩の時には、抱っこしてと寄ってきてくれました。泣いている顔も可愛いですが、甘える顔も可愛くて、子どもっていいなぁと思いました。子どもと一緒にいると、自然と笑顔になるので不思議です。

幼児クラス

　緊張をしているのは実習生だけかもしれません。1年を通して多くの実習生を受け入れている施設もありますから、子どもたちのほうが実習生に慣れているかもしれません。「実習生でしょ？　どこから来たの？」「今度のお姉さん先生はいつまでいるの？」「何をしてくれるの？（責任実習での何をするかということらしい）」など、子どもからの意外な質問に、皆さんは驚かれることでしょう。

　一般的には、3歳児、4歳児、5歳児になると、一定の大人との基本的な信頼関係が築けてきますから、実習生など、安全で新しい大人とのかかわりも子どもは好むでしょう。子どもからの誘いをきっかけに、実習生は子どもとの関係づくりが始められます。子どもの力はすごいですね。

　もし、子どもから声がかからない場合は、遊びの様子を観察し、タイミングを見て「何しているの？」など、ことばをかけてみましょう。何がなんでも遊びの流れを邪魔してまでかかわろうとがんばらなくてよいのです。

アリを見ていただけなのに
～子どもの遊びに寄り添ってみる～

　A君は、1人で遊ぶことを好む物静かな子どもです。園庭の隅にアリの巣を見つけ、じっと様子を見て楽しんでいました。実習生のBさんは、A君がずっと下を向いているので、どうしたのかと思い、近づきました。アリを見ていることに気づくと、仲間に入れてもらい、2人でアリの様子をじっと見ていました。特にことばを交わすこともなく、2人でじっとアリの様子を観察していたのです。しばらくすると、1人また1人と、アリの巣の周りに子どもが集まってきました。静かに静かに子どものペースで遊びの時間が流れていきます。

🌷 "してあげる""やってあげる""やらせる"は、保育じゃない

　子どもとかかわる際の「〜してあげなきゃ」「〜やってあげなきゃ」「〜させなきゃ」という気持ちは、保育ではありません。なぜでしょう？　これらは、どれも私たち大人の意志であって、子どもの気持ちは反映されていないからです。子どもとかかわる時には、子どもがどうしたいのかを一番に考えてかかわると、子どもからも好かれ、子どもの気持ちもわかるようになります。もし、どうしても「○○してほしいなぁ」といった場面に出会ったら、ぜひ子どもに「先生は、○○だから○○してほしいと思っているのだけれど、○○ちゃんはどう思う？」などと、子どもにあなたの思いを伝え、子どもの気持ちも尋ねてみましょう。きっと子どもは、「そうだね」「わかった。これをつくったらいくよ」などと、理解を示してくれるはずです。子どもなりの思いを大切にすると、"この人は、自分の話を聞いてくれる人だから安心"と、子どもに信頼される保育者になることができます。決して、緊張しすぎて慌てないことです。

🖍 子どもが助けてくれる

　保育室に入るなり、Aちゃんが"抱っこをして"とそばに寄ってきました。Aちゃんは、私の実習中ずっと、クラスが違っても私のそばに来てくれました。少し寂しがり屋さんなのかなぁと思ったので、時間があればいつも抱っこをして遊びました。Aちゃんが最初に声をかけてくれたので、何となく緊張がやわらいで、実習をスムーズに始められました。

Point!
保育の主人公は子どもです。
「子どもが〜」を主語にして保育を考えてみましょう。

保護者に実習生であることを知ってもらいましょう！
～保護者との出会い～

　朝夕の送迎時には、皆さんも保護者と出会う機会があります。特に実習初日は、保護者は皆さんが実習生であることがわからないこともあります。状況によっては、皆さんが実習生であることを保護者に知ってもらうことも、子どもを安心して預けていただくためには必要です。
　ここでは、実習中の保護者とのかかわり方について学びましょう。

保護者との出会い

　保護者との出会いは、自己紹介や挨拶から始まるとは限りません。実習生として、保護者のことや子どものことをよく知らないまま安易に保護者とかかわることは、誤った対応をしてしまう危険も潜んでいます。自分の立場を考え、担任などに引き継ぎましょう。

こんな場合どうする？

実習生のAさんは、朝、保育室の入り口付近で子どもと遊んでいたところ、保護者から、「今日もいつもどおりです。おねがいします」と声をかけられました。その保護者は、子どもと挨拶をして、急いで保育所を去ってしまいました。

実習生としてどのように対応しますか？

　本来ならば、「おはようございます。私は実習生なので、担任の先生を呼んでまいります」と保護者に伝えることが望ましいでしょう。しかし、この場面のように、保護者が急いで保育所を去ってしまった場合は、担任の先生に、すぐに保護者が子どもを預ける際に言っていた内容（子どもの様子はいつもと変わらないということ）をはっきりと申し伝える必要があります。

こんな捉え方もできます！

　子どもの調子が前日と異なる場合、大抵、保護者は担任を探し、子どもの様子を伝えていきます。時々、この事例のように、保護者が非常に急いでいる場合、そばにいる保育者に伝えて保育所を後にすることもあります。これは、保育者が保護者の信頼を得ていることの表れともいえます。

こんな場合どうする？

　朝、ある子どもがお母さんと離れたくないと大泣きをしていました。お母さんは、どうしてよいのか困り、そばでほかの子どもの相手をしていた実習生のBさんに、育児で困っていることを話し始めました。

実習生としてどのように対応しますか？

　保護者が真剣に悩んでいます。今までの様子も何もわからないあなたがこのまま保護者の話を伺うことは好ましくありません。

　「申し訳ございません。私は実習生ですので、今、担任の先生を呼んでまいります」と、はっきりと保護者に伝え、保護者のことも子どものことも理解をしている担任に引き継いでください。

保護者との出会いは、朝とは限りません。事情があって午後早めにお迎えに来園する場合や、夕方のお迎えの時間など、さまざまな時間帯で出会います。
　特に、初めての実習では、すべての年齢で実習を行うことが多くあります。
　つまり、クラスが変わるたびに保護者との出会いがあるということです。

　保護者と信頼関係を結ぶためには、実習生として、**「できる」「わかる」ふりをするのではなく**、「できない」「わからない」ことは、"実習生なので、まだわからないのです"と明確に伝え、担任に引き継ぐことです。こうしたことの積み重ねが、保護者との信頼関係を育てます。

実習生だから気楽に話せることも…

　保護者によっては、実習生だと気をつかわずに話せると感じ、話かけてくることもあります。内容にもよりますがそのような場合は、耳を傾けて、話を聞きましょう。その後、担当の先生への報告も忘れないようにしましょう。もし、保護者の話の内容で自分が聞いてよいのかと悩んだら「担任とかわりましょうか？」と聞いてみることも1つの方法です。

保護者と挨拶をする機会があったら…

　保護者と挨拶をする機会があったら、どのように挨拶をするとよいでしょうか？
「おはようございます。実習生の○○です。よろしくお願いいたします」と、皆さんから挨拶をしてみませんか？　保護者もきっと気持ちがよいでしょう。夜、家庭に帰ってから、「実習生のお姉さん先生と遊んだの？　よかったね」など、話題にしてくれるかもしれません。皆さんが保護者に挨拶をするだけで、自宅での子どもとの会話に1つ花を咲かせることにもつながるかもしれないのです。挨拶をされて嫌がる保護者はいません。絶対にしてはいけないことは、挨拶もせずに、こそこそと隠れるようにしていることです。保護者は、大事な子どもを預けているのですから、「あの子、挨拶もできないけれど、何しに来たんだろう」と、皆さんのはっきりしない態度が保護者に不安を与えることにつながります。

　ぜひ、自分から実習生としての挨拶を心がけ、保護者の信頼を得られるように実行しましょう。

気持ちのよい挨拶、わかりやすい受け応えは、
信頼づくりの第一歩です！

ことば、掲示、写真…自己紹介にも さまざまな手段があります！
〜自己紹介〜

　オリエンテーションに伺うと、施設の入り口や保育室の入り口に、保育士や職員などが紹介されているスペースがあることがあります。近頃は、顔写真付きの施設も多いでしょうか。これらは、ただ単に飾りとしてつけているわけではありません。大事な子どもを預かるわけですから、どのような人が保育に携わっているのかを理解してもらう意味もあるのです。

　ここでは、実習生の紹介や自己紹介について学びましょう。

保護者に向けた紹介（実習先は、どのように保護者に実習生を紹介しているのでしょうか）

　皆さんが実習を行う際にも、実習先は事前に保護者にお知らせをしています。まずは、園だよりなどの手紙を活用して、園児の全世帯に紹介をすることが多いようです。

　また、皆さんが各年齢のクラスに入る場合には、各年齢の保育室前の連絡ボードなどを利用して、

> 今日、明日の2日間、○○大学○年生、○○○○さんが実習に入ります。

というように、皆さんを紹介してくださっていることが多いです。

　実習先では、実習生自身が保護者に自己紹介をする機会を設けるようなことはしないことが一般的ですが、保護者と会うことはもちろんありますから、

実習生の○○です。よろしくお願いいたします。

と挨拶をすると、保護者もあなたがどのような実習生なのかわかるので、安心します。

✏ 挨拶で防犯

　A保育所は、施設の改装工事中です。この保育所は、どの職員も保育士もよく挨拶をします。ある日、保護者のおじいさんとも見える人が保育所の玄関に入ろうとしていました。保育で忙しくしている保育士たちは来客だと思い、玄関の前を通る職員皆が、このおじいさんらしき人に挨拶をしていきます。

　このおじいさんらしき人は居づらくなって、結局、保育所を出ていってしまいました。実はこの人、泥棒だったのです。工事の関係者を装って入ってきたものの、何人もの職員に挨拶をされて、これでは盗めないと思い、泥棒を諦めたのだそうです。

　これってまさに、**挨拶マジック**です！　子どもが生活をしている施設での挨拶には、安心して過ごせる環境づくりのほかに、防犯の目的もあるのです。

❀ 子どもに向けた自己紹介

　実習初日には、実習を行うクラスで自己紹介を行うことが多いようです。実習を控えた学生たちの多くは、自分で考えた自己紹介グッズを事前準備し、それを活用して自己紹介を行っているといいます。これは、子どもからも「もう一度やって！」と、興味をもってもらえ、準備してよかったなぁと嬉しくなり、保育者になる自信につな

がっているようです。また、自分で子どもの姿を想像しながら作成したものを子どもの前で実践することは、保育実践への第一歩でもあります。単なる自己紹介ですが、実践への第一歩と考えると、大切にしたい時間です。緊張もしますが、やりがいも感じることでしょう。

　自己紹介のためにどのようなものを準備するのかは人それぞれです。自身がやってみたいなと思うことを実践してみると、自分も子どもも楽しめてよいでしょう。参考に、いくつかのアイデアを紹介します。

🦆 自己紹介のために作成したい教材

☑ 紙芝居

　自分の名前のひらがなを1枚の画用紙に1文字ずつ書きます。各画用紙の裏には、その文字のついた果物や動物などの絵を描きます。子どもには、最初、絵を見てもらい、クイズ形式で絵の頭文字を当ててもらいます。各画用紙の文字を順番に示していき、実習生の名前を覚えてもらいます。

　クイズ遊びなので、子どもたちが楽しんで見てくれるようです。絵は、年齢によって変えると、多くの年齢で活用できます。

☑ ペープサート

　要領は紙芝居と同じです。両面を使えるようにし、片方の面には名前のひらがなを1文字、裏にはひらがなに関係する動物や果物などのイラストを描きます。紙芝居よりもコンパクトなので、持ち運びに便利です。丁寧につくれば、就職してからも使えます。また、ひらがなの文字を増やしていけば、年齢によって、ことば遊びなどにも使えます。自己紹介だけにとどまらず、さまざまな使い方があります。

☑ 手作り人形（軍手人形など）

自己紹介の際に、人形を手にはめて、人形が子どもたちに話しかけているように工夫をしている学生もいます。実習を通して、子どもたちから「人形で遊ぼう」と声をかけられたり、「またやって！」と声をかけられることもあるようです。自己紹介がきっかけとなって子どもとの関係も一歩前進できますね。

まめ知識

子どもによっては、慣れていない場合など、面と向かって人と話せない時もあります。そんな時には、子どもの正面から「お口で言って」なんて決して言わないでくださいね。子どもの隣で、軍手人形や指人形のようなお人形さんを活用し、お人形さんが子どもに「どうしたの？」と語りかけるようにしてみます。そうすると、子どもも、徐々にポツリポツリと話を始めることがあります。

🦆 自己紹介で教材を使わない人

☑ エプロンにつけている名札を活用

ほとんどの実習生は、エプロンや実習着に名札を付けています。この名札を子どもに見せながら、自分の名前など、自己紹介をしているようです。なかには、名札を複数作成して準備し、数日おきに変えている人もいるようです。名札の文字や刺しゅうなどをきっかけに、子どもとかかわれるようになります。

受け入れ先が望む実習生の姿
～実習先が実習生に心がけてほしいと思うこと～

「実習が始まったら、失敗しないようにがんばりたい。でも、どうすればよいのだろう。実習先は、実習生のことをどのように思っているのだろう」と、心配をしていませんか？

　実習先は、実習生に何を求めているのかを知っておくと、実習を始めるための具体的な心構えができます。不必要な不安をもたずに実習を開始することができるでしょう。

　ここでは、実際に実習生を受け入れている保育所の先生方からいただいたアドバイスを中心に、実習先が、実習生にどのようなことを期待しているのか学びましょう。

🌷 実習生は未来の仲間

　実習先では、未来の仲間になる実習生の受け入れを積極的に行っています。初めての実習で実習生が何でもできるとは思っていません。ただ、将来一緒に働くかもしれないと思うと、いろいろと教えたくなってしまいます。そのために、細かいことまでいろいろと実習生に言ってしまい、実習生としては、気が重くなることもあるかもしれません。しかしそれは、実習先の先生方の皆さんに対する期待の表れでもあります。叱られているとか、自分はダメなんだとは思わず、緊張しないで過ごしましょう。

　実習先でいろいろと要求されたら、この人は「できる！」と見込まれた証だと思いましょう。

❋ 実習生を受け入れるにあたって実習先が実習生に望むこと

🌷 出勤したら実行してほしいこと

- 身支度を整え、5分前には部屋に入りましょう（園によって入り方が異なります。

確認しましょう）

- 長い髪は束ねます。清潔感ある身なりを心がけましょう。
- 名札は、子どもがあたっても傷つかない素材のものを付けます。
- 爪は切ってありますか？　伸びていると子どもを傷つけてしまいます。
- 手洗い、うがいを心がけます。健康管理の基本です。
- 自分の出勤簿への捺印を忘れずにします。
- 入るクラスに、お弁当やエプロン、外履きなどを持って行ったほうがよいか確認しましょう。部屋に持っていく際には、置き場所も確認しましょう。

🐻 保育室に入ったら心がけてほしいこと

- お世話になる先生に挨拶をしましょう。
- 園の方針を尊重して保育を行いましょう。
- 子どもとのかかわりで気をつける点があるのかを担任に確認しましょう。
- おやつや食事援助の際には、食物アレルギーの有無について確認しましょう。
- 保育者も環境であることを自覚しましょう。大人の服装、しぐさ、ことばが子どもに大きく影響するかもしれません。子どもを呼ぶ時も、あだ名ではなく、「〜くん」「〜ちゃん」「〜さん」と呼ぶことが望ましいでしょう。

🐻 子どもとのかかわりで心がけてほしいこと

指示や命令は控えましょう。

　大人の指示や命令で子どもを動かそうとすることは、極力控えます。「今は何をする時間かな？」「どうして〜しているの？」などと子どもに尋ねるかたちでことばをかけ、子どもたちが自分で考えて動けるような配慮をしましょう。

大きな声は出しません。

　遠くから大きな声で呼ぶのではなく、用事のある子どもの近くに行って話をしましょう。そうすることで、ほかの子どもの遊びを妨げません。

子どもの話をよく聞きます。

　子どもの話をよく聞き、子どもが何を言おうとしているのかに耳を傾けましょう。

子どもの話を受け止めた後に大人が話すようにすると、子どもは自分の話を聞いてもらえたことで信頼を寄せてくれるようになります。話を伝える時は、否定形ではなく、「～してほしいな」「～するともっとよくなるよ」といったように、肯定的な伝え方をするように心がけましょう。

危険なこと、してはいけないことはしっかりと伝えます。

　危険なことや、してはいけない言動があった場合は、どうしてそれがいけないのかを子どもにしっかりと伝えてください。そして、職員にも、出来事と対応について報告をしましょう。

断ることも時には大切です。

　実習生1人に対し、たくさんの子どもが同時に「～しよう」「一緒に遊ぼう」などと言ってくることがあります。対応できればよいのですが、対応できない時には、はっきりと「今は～をしているのでできません」と伝えましょう。そのほうが、子どももわかりやすいです。

実習生だからこそ望むこと

　実習生は、"仮免許保育者"です。やってみたいことは積極的に行いましょう。保育は、自分でやってみると楽しいものです。担任の先生に「こういうことをやってみたいのですが…」と相談をしてみるのもよいでしょう。あなたの得意なことから実践してみましょう。保育をしながら自分も成長できる仕事です。

日々の生活のなかで心がけてほしいこと

　実は、保育を行ううえで必要なことは、日常生活のなかに隠れています。日々の生活のなかで心がけてほしいことを、皆さんの日常生活と照らし合わせながら見ていきましょう。

普段の家庭生活の営みを大切にしよう

保育者に必要な力の1つに、普段の家庭生活の営みがあります。例えば、料理を行うには、段取りや時間の逆算といった能力が必要です。これは、保育にも必要なことです。洗濯、掃除、裁縫、片づけなど、どれ1つとして保育を行うために無駄なことはありません。

自然を感じよう

真っ青な空や真っ赤な夕焼けなどを眺めるゆとりをもちましょう。また、自然のなかで遊んだり、さまざまなことに興味をもち、やってみたいなぁと思う気持ちがもてるようになるとよいですね。ワクワクする体験や、道具がなくてもイメージを広げ、工夫してつくったり遊んだりできるあなた自身の力を培いましょう。

聞き上手・話し上手になろう

気づきや発見を大切にしましょう。また、人の話に耳を傾け、最後まで聞いてみましょう。あなたのアンテナを立て、周囲の状況を察知できますか？ 相手の話を聞き、相手の思いを汲み取りながら自分の考えを伝えられますか？

> **Point!**
> 実習生はアドバイスをたくさんもらった者勝ち！
> あなたに素質があるから言ってくれるのです。
> 落ちこまないで、喜んで！

第 3 章

< 実習期間中 >

実習期間

実践の場は、学びの宝庫！
～子どもから学ぶ～

　保育を行うときに最も大切にしたいことは、「子どもから学ぶ」姿勢を常に心がけることです。保育は、保育者が「してあげる」「やってあげる」ものではありません。子どもとかかわるなかで「～してあげる」「～やってあげる」と思うこと自体、それはすでに保育ではなくなっているのです。それは、いったいなぜでしょう？

　ここでは、子どもから保育を学ぶ姿勢について考えていきましょう。

❁ 子どもから学ぶ心がけ

　「してあげる」「やってあげる」という意識のなかには、人と人とがかかわるなかにすでに上下関係をつくっています。大人が子どもの気持ちを考えないで一方的に行っている行為につながるのです。子どもたちは、皆さんが**一方的に**よかれと思って「してあげている」「やってあげている」ことに対し、反抗したり拒絶したり嫌だと言ったりしません。なぜならば、赤ちゃんは、まだ話すことができないからです。また、話すことができる幼児でも、大好きな先生に言われたことは、やりたくなくても、嫌われたくないから我慢して従うのです。このような子どもの純粋で一生懸命な気持ちに気づけない保育者、あるいは、自分に自信がもてなくて、指示的にしか保育のできない保育者は、**子どもの本当の気持ちを子どもに聞くことなく**、保育者自身の思い込みだけで勝手に決めて、「してあげる」「やってあげる」を繰り返してしまうのです。

　結果として、子どもの本当の気持ちに気づけず、間違った保育をしてしまうことになります。さらに、大人の顔色をうかがう子ども、指示を出されないと動けない受け身な子ども、自分の意見を言えない子どもにしてしまうのです。子どもから保育を学ぶためには、時には待つ、見守ることも必要です。

子どもから何を学ぶのか

子どもの育ちについて学ぶことは言うまでもありません。また、個性や個人差が大きいことも学べます。これらは、各年齢のクラスで実習を行うと、特に実感できます。

さらに一歩深め、保育者になるためにぜひ意識して学んでほしいことを紹介します。

子どものありのままを理解することを学ぶ

保育は「子どもから学ぶ」ことをお伝えしました。では、子どもの何を学べばよいのでしょう？

皆さんは、知らない人と信頼関係を築こうとするとき、どのようなことに配慮をしますか？　おそらく、相手の気持ちを考えると思います。相手は何が好きなのか、どのような考え方をするのか。相手の立場になって考え、相手を理解しようとしませんか？　子どもとかかわるときも、基本は同じです。まずは、出会った子ども一人ひとりがどのような子どもなのかを理解するところから始めます。

「この子はどんな子かなぁ」「好きなことは何かなぁ」というように、子どものありのままを発見していきます。答えを探すのでも、○○ができる、できないという判断をするのでもありません。ただ、「あぁ、こんな子なのか」「こんなことが好きなんだ」というように、その子のありのままを理解するのです。これは、とても大切なこと。

子どもの立場になって考えることを学ぶ

子どもの行動や考え方は、私たち大人と異なります。もちろん、子ども一人ひとりも異なります。時には、何でこんなことをするんだろう、どうしてだろうと、不思議になることもあります。また、「今、〜させたいなぁ」と大人が焦ってしまうこともあります。しかし、子どもは、個々の子どもなりの時間と世界を生きています。保育者は、それを邪魔することは避け、その子なりの生き方をサポートしていきたいもの

です。そのためには、皆さんが「〜させたいなぁ」と思ったとき、ぜひ、「この子はどう思っているのだろう」と、子どもの立場に立って考えてみてください。そして、子どもにも、今、どうしたいのかを聞いてください。皆さんがしようとしていることを子どもにわかりやすく伝え、子どもが納得したら行ってください。ややこしいように感じますが、大切なことです。どんなに小さくても、まだ、赤ちゃんであっても、子どもなりの意思をもっています。それを無視してしまうことは、保育者として権力を振りかざしているだけにすぎません。ですから、例えば、子どもに、「今、靴を履いて外に行った方がいいと先生は思うけれど、○○ちゃんはどうする？」などと語りかけてください。このようなやりとりを通して子どもは、自分が信頼されていることや、大切に思われていることを感じ取っていきます。やがて、自分で考えて、自分で判断して、自分で行動でき、失敗から学ぶことのできる子どもに育ちます。

遊びたいのかと思っていたら…

　実習生のＡさんは、０歳児クラスで実習中です。昨日、Ｂちゃんが、Ａさんに微笑んでいたので、Ａさんは遊んでほしいのかと思い、Ｂちゃんに積極的にかかわり始めました。ところがＢちゃんは、泣いてしまったのです。このことでＡさんは、Ｂちゃんは遊んでほしくてこちらを見ていたのではなく、Ａさんのことを観察し、様子をうかがっていたのだということを学びました。そして、Ｂちゃんとは少し距離を置いた関係からかかわりを始めたほうがよいことや、自分で勝手に判断しないで、もっとＢちゃんの様子を理解しながら徐々にかかわりを深めていくことが大切だということを学びました。

　翌日、Ｂちゃんは、再びＡさんをじっと見てきました。Ａさんは、その場でＢちゃんの名前を呼ぶなどして、少し距離を置きながらＢちゃんとのかかわりを始めました。

学んだことを活かすとは？

　皆さんが実習中に学んだことを活かすには、さまざまな場面で子どもとたくさんかかわり、対応に悩んだり、戸惑ったり、困ったりすることが大事です。何もしないで無難に終える実習ほど残念な実習はありません。

　事例のように、学んだことを活かすためには、子どもとかかわり、子どもからの思いもよらない反応を受け、そこから、では今度はどうすることが最善かを考えてかかわりなおすことが大事なのです。実習中は、担任や指導担当の先生など、さまざまな人のサポートが得られます。ですから、ぜひとも、たくさんの経験を積み、先生方からアドバイスを得て、それを次の日の保育に活かしてみてください。そのようなわずかな積み重ねが大きな力になります。

> **コラム**
>
>
>
> ### 具体的に伝えよう
>
> 　だめでは通用しません。してほしいことを具体的に伝えましょう。
> 　子どもに「走っちゃだめよ」「こっちから上ってはだめよ」「そこ、歩いちゃだめよ」など、「だめ」ことばをかけることは珍しくありません。大人にはそれなりの理由があって「だめ」と伝えているのですが、子どもにとっては抽象的過ぎて理解できないものです。「だめ」のかわりに「歩きましょう」「こっちの階段から上りましょう」「こっちの道を歩きましょう」と伝えましょう。してほしいことを具体的に伝えると、子どもはそのように動いてくれることが多いです。「だめ」は、とっておきの大事なことばとしてとっておきましょう。
> 　ただし、0歳時期ぐらいの子どもは、発達の特性上、「いいよ」「だめよ」で伝える必要があります。大人からの判断を頼りに、よいこととそうでないことの判断を学んでいる時期なのです。この時期以降の子どもには、危険だなぁと感じたら、してほしいことを具体的に伝えるようにしましょう。

先輩の姿をお手本に！
～保育者から学ぶ～

　皆さんは、保育者になるために実習を行っています。実習は、保育の実践を学ぶ場です。保育についてどのようなことでも保育者から学ぶ姿勢をもち、皆さんの学びにつなげたいですね。

　ここでは、保育者から学ぶ視点を考えていきましょう。

❋ 学ぶ姿勢を表そう

　皆さんは、保育者から何を学びたいですか？　「子どもへのことばのかけ方」「子ども同士のいざこざへの介入」「集団としてどのように子どもをまとめていくのか」「保育者間の連携」「保護者とのかかわり方」など、学びたいことや、今現在、経験が無くて不安で、知りたいことはたくさんあると思います。

　保育者から学ぶ方法はいろいろです。観察をして学ぶ、真似をして学ぶ、先生方から声をかけてもらい、直接教えてもらうなどです。はずかしいから、自信がないからと受け身の姿勢でいると、何も学ぶことはできません。自分からも、タイミングを見て質問するなど、学ぼうとする姿勢を行動で表しましょう。

❋ 保育者の役割を学ぼう

　最初の実習でぜひ学んでほしいことがあります。それは、「保育者の役割」についてです。専門職としての保育者がどのような役割を担っているのか、保育者の全体的な仕事の内容を知ることです。全体的な仕事内容が把握できると、具体的な事柄への学びが徐々に深まっていくはずです。子どもと接している時の仕事内容は何か、子ど

もとかかわっていない時の仕事内容は何か、そのほか、どのような役割を担っているのかなど、いくつかの大きな視点を定めていくと学びやすいと思います。

してくれる、やってくれるという意識は通用しない

「何か質問はありますか？」と聞いてくれないと、質問ができない人はいませんか？「先生が忙しそうだったから…」「質問しにくくて…」などと自分のなかで言い訳をつくっていないでしょうか？　これは、受け身の姿勢です。タイミングを見計らって話しかけることは緊張しますし、勇気もいります。もし、断られたらどうしようなんてことも考えてしまうでしょう。しかし、質問をされて嫌な気持ちになる人はいません。むしろ、「私のことを信頼してくれているんだな」「正直で素直な実習生だな」「一生懸命学んでいるのだな」と思ってくれるのではないでしょうか。ですから、ぜひ、皆さん自身から学びの姿勢を示してください。たくさんのアイデアを、先生方は教えてくれます。

❋個々の子どもへのかかわり方を学ぼう

　子どもには個人差があります。保育者は個人差を理解したうえで、個々の子どもに最も適したかかわりを笑顔で何気なく行っています。例えば、靴を履く場合でも、ある子には「お外で遊ぶから靴を履きましょう」と声をかけます。ほかの子には「○○ちゃん、これが終わったら、お外で遊ぼうか。靴準備して待っているね」とことばをかけるかもしれません。このように、さまざまな場面で、個々の子どもにふさわしいかかわりを行っていますので、ぜひ学び、皆さんも実践してみましょう。簡単なようで、最初は案外難しいものです。いざこざの介入に関しても、状況に応じてさまざまです。「〜せねばならない」的思考をちょっと休

めると、保育者の子どもに対する柔軟なかかわり方が学べると思います。保育には、臨機応変さが必要なのです。

集団としての子どもへのかかわり方を学ぼう

　大勢の子どもに向けて話をする場面などでは、同じ保育者でも、個々の子どもへのかかわりとはまた異なった対応をしています。先生方は、笑顔で何気なくさらりと行っているので、誰にでもできるように感じますが、"笑顔で何気なく"しかも"子どもたちは理解している"というところに隠れた技があるのです。先生方は、子どもに向けて長々、くどくど話をしていないと思います。どのような工夫をしているのか、ぜひ学んできましょう。そこにはヒントがたくさん隠れているはずです。

保護者とのかかわりを学ぼう

　保育は、子どもと保育者と保護者の三位一体で成り立っています。子どもが安心して保護者から離れ、保育所などで生活を送るためには、保護者が保育所・保育者を信頼し、安心してお子さんを預けてくれることが重要です。保護者が不安でいると、子どもも不安であることが多くあります。保育者は、保護者とよい関係を築くために、どのようなかかわりをしているのか学びましょう。例えば、送迎時のちょっとした立ち話であっても、保育者の工夫が伺えます。時には、子育てなどの相談もあるでしょう。プライベートな内容であることもあるので、実習生がかかわるには限界があるかもしれません。様子を観察するなど学べる機会を見つけてください。

職員間の連携を学ぼう

　早朝保育から通常保育へ、通常保育から夕方の延長保育へと、同じ施設の中であっても、担当する保育者が異なります。そのほか、子どもたちが安全に、安心して生活を送っていくためには、職員間のスムーズな連携が欠かせません。職員間の連携をど

のように行い、子どもが安全に安心して生活できるよう配慮をしているのか学びましょう。皆さんが、早番や遅番などを経験すると、直接学べる機会がもてるのではないでしょうか。

子どもとかかわらない時間の保育者の仕事を学ぼう

保育者は、子どもと遊んでいるイメージが強いかもしれません。しかし、子どもとかかわらない時ももちろんあります。その場合は、どのような業務を行っているのかを学びましょう。限られた時間を上手に使って、実に多くの業務に取り組んでいることがわかってくると思います。

挨拶・微笑み（笑顔）・心身の健康…あなたがすぐにできること

実習生でもできることはたくさんあります。「挨拶」「子どもが安心できるような笑顔」そして、皆さん自身の「心身の健康」です。これらは、日常生活を送るうえでも、人とかかわるための基本です。ぜひ初日から実践していきましょう。

> できないことを悩むよりも、できることから始めましょう！
> 少しずつの歩みが成長への近道です。

保護者はどのような思いで子どもを預けているのでしょう？
～保護者から学ぶ～

　少子化世代の人々が大人となった最近では、自分の子どもを産んで初めて赤ちゃんとかかわるという人が少なくありません。これは、子どもとかかわる経験をもたずに子どもを産んだことが悪いということではありません。周囲に小さい子どもとかかわるような環境が少ない時代に育ってきたという、社会的背景に原因があります。保育者は、そのような社会的背景の下で育った保護者とそのお子さんをお預かりし、保育を行うことになります。つまり、子どもの育ちと、親としての育ちの双方を支えるのです。実習生として保護者とかかわる機会は多くありませんが、近い将来必ず保護者とのかかわりを迎えます。ですから、実習の段階から、保護者に学ぶ姿勢を心がけましょう。
　ここでは、保護者から保育を学ぶための視点について考えていきましょう。

共感することから始めよう

　子どもとかかわってきた人でさえ、初めて子育てする場合には、戸惑いや不安はつきものです。しかし、自分の子どもが初めての赤ちゃんとの接触経験だという人にとっては、それ以上の戸惑いと不安がつきまといます。保護者には、少しでも安心して子育てをしてほしいものです。そのためには、子育て支援の役割も果たしている保育所・保育者を少しでも信頼してもらうための配慮が大切です。

保護者だって一生懸命

- ★ あるお母さんは、自分の赤ちゃんがしゃっくりをするので、こんなに小さい子どもがしゃっくりをしたら死んでしまわないかと本気で心配しました。
- ★ あるお母さんは、赤ちゃんがよく眠るので、眠ってばかりでこのまま起きなくなったらどうしようと気が気ではありませんでした。
- ★ あるお母さんは、赤ちゃんが重たいので、抱っこをしないで授乳していました。その赤ちゃんは、徐々に人に抱かれることを嫌がり、人と目を合わせなくなりました。ある人のアドバイスで初めて、授乳は抱っこをして行うと、赤ちゃんの心身の育ちによいことを知りました。

このように、保護者も一生懸命子どものことを考えて子育てをしています。保育者の保育に対する責任も重いものですが、保護者の子育てに対する責任は、子どもを産んでから自分が亡くなるまで永遠に続きます。それだけに、保護者も試行錯誤を繰り返しながら、時には保育者から見ると「何で」と思うようなことをしながらも、とにかく必死に子育てをしているのです。保育者としては、保護者の皆さんが一生懸命子育てをしているという思いに、まず共感をしたいものです。「がんばれ」ではないのです。「がんばっていますね」なのです。

寄り添う姿勢でかかわろう

保育を通して、保護者の子育てに対する必死さは、送迎時の子どもへのかかわり方や保育者との話の様子、子どもの荷物の準備状況や忘れてしまう様子、おたより帳などからも垣間見えます。「何でできないの！」「何でやってこないの！」と、批判的なまなざしを向ける前に、「どうしたのかなぁ」「何かあったのかなぁ」と、「なぜ」「ど

うして」ということを考え、理解しようとするまなざしをもって保護者とかかわると、保護者の皆さんの気持ちを理解でき、良好な関係が築けるはずです。

おたより帳にいつも記入がない

　Bちゃんのお母さんは自宅から遠い地域で働いており、そのため、早番の先生や遅番の先生としか話をする機会がありません。

　担任の先生は、Bちゃんのおたより帳に毎日の記録が何もないことが気にかかっていました。ある日、担任の先生は、遅番の時間まで残り、お母さんがお迎えに来るのを待ちました。そして、直接話をしたのです。Bちゃんの保育所での遊びや生活の様子をお母さんに話すと、お母さんも、自宅での様子を話してくれました。そのなかで、自分の会社が遠くて、通勤と保育所の送り迎え、保育所で出た汚れ物の洗濯や食事、お風呂の準備をするだけで精一杯だけれど、子どもに絵本を読みながら、子どもと同じように自分も思わず眠ってしまう毎日が幸せでたまらないことなど、いろいろな話をしてくれました。担任の先生は、おたより帳が毎日書けない理由がわかったので、「無理をしなくても大丈夫。困ったことがあったら遠慮なく連絡をください」とだけ伝えたのです。

　おたより帳にいつも記入がないからと、それだけで子どもに愛情を注いでいないとか、子どもに気持ちを向けていないといった一方的な判断をしてしまうことは、保護者を理解するうえで大変危険なことです。保護者を本当に理解しようとするならば、事例のように、保護者と会い、話をするほうがよいでしょう。そうすることでお母さんの大変さ、生活に対する必死さ、そのなかにも子どもとの関係に幸せを見出している素敵な親だという本来の姿が見えるのです。

保護者も子育てをしながら親として育っています

　A君は2歳児クラスです。とても穏やかなタイプの子どもです。A君は、毎朝、大泣きしながら保育園に来ます。「ホイクエン、イカナイ」「ママガイイ」と大泣きして来るのです。お母さんは、A君に愛情を注いで育てています。ある朝、大泣きをしているA君の様子を見て、お母さんは、とうとう保育所の玄関で涙を流してしまいました。「生活のためではあるけれど、仕事をしている自分が悪い」「自分は息子にとっては鬼ババも同然だ」「私はダメな母親かもしれない」…。そんなふうに、自分のことを責めていました。

　ちょうど園長先生がそばにいて、「A君が泣けることはよいことです。お母さんに大事に育ててもらっている証拠です。お母さんは悪くないですよ。A君がどんなに泣いていても、安心して仕事に行って大丈夫です。担任が丁寧にフォローしていますから安心してください」と、お母さんに話しました。お母さんは、とても安心したようでした。次の日からA君が泣いていても、お母さんは「お仕事が終わったら、必ずお迎えに来るからね」と挨拶をして、安心してA君を預けて行けるようになりました。

　ちょっと悩んでいるときに、担任の先生などから、「お母さん、大丈夫ですか？」「大丈夫ですよ。一緒に考えていきましょう」「お母さんにそんなに心配をしてもらえるお子さんは幸せですね。困ったことがあったらいつでも声をかけてくださいね」などとことばをかけられるだけで、保護者はとても安心します。保育者の何気ないことばには、保護者を安心させてくれる魔法があるのです。

　保護者は、子どもを保育所などに預けるとき、親としてのさまざまな葛藤をもっています。子どもの様子がおかしいと、自分が悪いのではないか、育て方を間違っているのではないかと、常に反省し、自分を責めてしまいます。さまざまな葛藤や悩みな

どを繰り返しながら、子どもが育っていくのと同時に、親も親として育っていくのです。

実習で出会う保護者も、子育て真っ最中です。試行錯誤をしながら子どもと向き合い、保育者の力も借りて親として育っています。

保護者も一生懸命だということを、保護者の様子から学べるとよいですね。最初から、保育所に子どもを預けて楽をしようなんていう親はひとりもいないはずです。

保護者を理解する。保育者は、保護者のよき伴走者

実習中に、皆さんの理解を超えるような保護者と出会うこともあります。大事なことは、「よい」「悪い」「できる」「できない」という単純な判断を決してしないことです。

今の状況があるのは"なぜなのだろう""どうしてこうなったのだろう"と原因を考え、これから何をサポートすることが望ましいのかを考えていくことが大切です。目の前で起こっている現象だけを捉えても、何も解決はできません。子どもにとって、保護者にとって、保育者として最善のことを考え、実行するのです。この時、保護者を責めることには意味はありません。まず、保護者のありのままを受け止め、そのうえで保護者を理解することから一歩が始まります。保育者は、保護者とともに子どもを育む子育てのよき伴走者なのです。

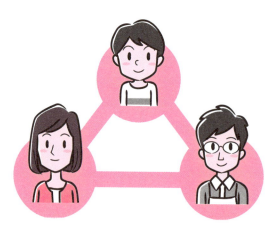

保護者への対応に実習生が直接かかわることはありませんが、事情によっては参加をさせてもらっている会議などで情報の共有をはかり、対応の方向性を考える園の取り組みの実態に触れることができ、保護者を理解するということはどのようなことかを学ぶ機会に出会えるかもしれません。

Point!
保護者と一緒に考え、ともに育てる保育を心がけよう！

ともに考え、ともに育てる保育とは

　2歳児のAちゃんは、指しゃぶりがなかなかやめられません。お母さんはやめさせたくて心配しており、担任にも相談しました。担任は、お母さんの心配な気持ちを受け止めたうえで、保育所でのAちゃんの様子を伝えました。また、保育所でもどんな時に指しゃぶりをしていて、どんな時にやめるのかといったことや、Aちゃんに負担をかけないようにしながらより丁寧に様子を見ていくことなど、園での対応を詳しく伝えました。お母さんは、一人で悩まなくてもよいことや、自分の不安を理解してもらえたことがわかり、安心しました。
　ともに考え、ともに育てる保育とは、保護者も保育者も同じ子どもとかかわっている者として、子どもがよりよく育つために一緒に考えていこうということなのです。

環境整備は、子どもの生活の足跡です！
～環境の整備を通して保育を学ぶ～

　朝、保育中、子どもたちの降園後など、環境の整備は常に行われています。保育の主人公は子どもです。子どもが安心して、安全に生活が送れるようにするためにはどうしたらよいのかという視点のもと、環境の整備も行われています。実習生のなかには、「どうして掃除ばかり？」「どうしておもちゃの掃除ばかり？」「どうしてトイレ掃除をするの？」「どうして園庭をほうきで掃くの？」と、面倒に感じたり、疑問をもった人もいるのではないでしょうか？　しかし、そうした環境を整備することからは、保育について学べることがたくさんあるのです。せっかくの環境整備の時間を単なる掃除の時間として無駄にしない視点を学びましょう。

　ここでは、実際に起こった具体的な場面をあてはめながら、環境整備も大切な保育の一つであることを学んでいきましょう。

保育の場での環境整備の意義

朝の環境整備

　朝、子どもたちが登園する前に、保育室や玄関、園庭などの環境を整える時間があります。これは、子どもを気持ちよく受け入れるための大切な仕事です。この時間では、単に"掃除"を行うのではなく、これから登園してくる子どもたちがどのようにここを使用して遊ぶのかを想像しながら環境を整えていくと、とても意義ある時間になります。例えば、園庭に落ち葉がたくさん落ちてくるような時期だとします。皆さんでしたら、どのように掃除をしますか？　落ち葉は掃いて捨ててしま

いますか？　それとも、せっかく落ち葉が散ったのだから、あえてそのままにしますか？　あるいは、1か所にある程度の落ち葉を集めておきますか？　考え方は人それぞれだと思いますが、単なる落ち葉でも、それをどうするのか、子どもの興味や関心、遊びの予測を立てながら園庭の環境を整えることは可能なのです。子どもの存在はなくとも、この段階からすでに保育は始まっています。朝の環境整備では、前日の遊びの跡が少なからず施設のどこかに残っています。そういった遊びの足跡をどのようにしていくのか、残すのか、それとも整え直すのか。

　保育は日々の生活の連続ですから、環境の整備も連続性のなかで判断していきたいですね。

園庭のほうきがけ

　実習生のAさんは、毎朝、保育士と一緒に園庭の環境整備を行います。Aさんは、ほうきがけを主に担当します。園庭のほうきがけをしながら毎朝いろいろな発見をします。それは、子どもたちが前の日に遊んだ跡の様子です。枝をいくつも並べている場所があったり、小さな石で何かをして遊んだ跡があったり、葉っぱと枝でおままごとをしたような形跡が残っていたり。また、園庭の隅のほうに、誰かが壊さないようにして小さな砂を盛り、その上にそうっと丸いきれいな石を1つ乗せていたり…。子どもたちの遊んだ様子が何となく想像できます。Aさんは、これらの跡をなるべく残すように配慮しながら園庭を掃いていきます。ほかの先生に話をすると、「そうなのよ。だから、掃除をした後に、子どもたちがまた、園庭で遊んでくれるのが楽しみなのよ」と話してくれました。Aさんも、どんな子たちが、こうしていろいろと工夫しながら遊んでいるのだろうなぁと、子どもと遊ぶことを期待しながらほうきがけをするようになりました。

Aさんの環境整備に対する心がけは素晴らしいです。保育の場で子どもと直接かかわりのない業務は、保育と関係がないのではと安易に考えてしまいます。しかし、それでは環境整備をしていても何も学べません。Aさんのように環境整備を子どもの活動とつなげて考えると、保育のヒントや子どもの遊びを援助するヒントがどんどん得られるのです。

環境整備で危険を回避

　朝、砂場の砂をスコップで掘り返していた実習生のBさんは、砂の中に光るものを見つけました。やや大きめな、鋭利な形の空き瓶の破片でした。子どもたちは素手で砂遊びをするので、もし、子どもの手に刺さったら危険だと思い、発見できたことに喜びを感じました。夕方は砂場にしっかりとシートをかけるので、どうして破片が入ったのか疑問でしたが、どうやらカラスの仕業だということもわかりました。環境整備の大切さをBさんは実感しました。

　もし、環境整備をいい加減に行っていたら、子どもが砂場でけがをしていたでしょう。子どもの立場に立って環境整備を行っていたから、小さなガラスの破片が発見でき、危険を回避できたのです。

夕方の環境整備

　夕方の環境整備は、まるで子どもの1日の生活の足跡をたどっているようです。トイレを掃除してみれば、どうしてこんなところにという場所にトイレットペーパーで丸めた小さなボールが一列にならべて置いてあったり、低年齢児クラスの靴入れを掃除してみれば、靴の右と左がまったく異なる場所に置いてあったり、靴が片方ずつ

入れ替えてあったりと、ここでこんなことをしていたのだということがよくわかり、子どもたちが生活をした足跡をたどることができます。振り返りながら環境を整え、「明日は、どのようにして遊ぶのかな。靴は自分の場所に入れることができるかな」など、翌日、子どもと会うのが楽しみになります。

このように、夕方の掃除はその日の子どもの生活の足跡を知りつつ、翌日の子どもの遊びを想像しながら、子どもにとって最も望ましい環境を整えていくのです。

おもちゃの消毒から、子ども理解へ

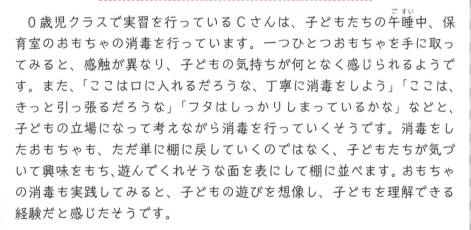

おもちゃを1つひとつ拭(ふ)きながら…

0歳児クラスで実習を行っているCさんは、子どもたちの午睡(ごすい)中、保育室のおもちゃの消毒を行っています。一つひとつおもちゃを手に取ってみると、感触が異なり、子どもの気持ちが何となく感じられるようです。また、「ここは口に入れるだろうな、丁寧に消毒をしよう」「ここは、きっと引っ張るだろうな」「フタはしっかりしまっているかな」などと、子どもの立場になって考えながら消毒を行っていくそうです。消毒をしたおもちゃも、ただ単に棚に戻していくのではなく、子どもたちが気づいて興味をもち、遊んでくれそうな面を表にして棚に並べます。おもちゃの消毒も実践してみると、子どもの遊びを想像し、子どもを理解できる経験だと感じたそうです。

おもちゃの消毒も、目的がわからないと面倒に感じてしまうことでしょう。Cさんのように、消毒を行いながらおもちゃ一つひとつを手に取り、そこから子どもの遊びへと想いを馳(は)せることができると、単なる消毒が、子どもが豊かに遊ぶための準備として意味あるものになります。

さまざまな記録の方法を知り、そのポイントをつかもう！
～実習日誌を書こう（記録を通して保育を振り返る）～

　実習を行ううえで、不安要因の一つに「日誌」を挙げる人は少なくないようです。では、なぜ日誌を苦手と感じるのでしょう。おそらく、日誌そのものよりも、実は文章を書くことが苦手だからそう感じているのではないでしょうか？
　保育を行うと、毎日が記録の繰り返しです。実習日誌は、保育者としての入り口であり、実習中も毎日記述し、実習先で指導してもらいながら徐々に慣れていくものです。少しずつの積み重ねが成功への近道です。

　ここでは記録に対する苦手意識を克服するポイントを学びましょう。

記録をすることが大切な理由(わけ)

　実習日誌は単に、その日の出来事を記すためにあるのではありません。子どもの姿や考えを理解したり、保育者の言動の意図や環境構成の意図を理解したり、自分自身の行動や発言の意図を理解するためにあるのです。さらに、日誌を書くことで、自分の保育を冷静に振り返ることができます。保育を振り返ることができると、次の日に自分の何を改善して保育に望めばよいのかが自(おの)ずと見えてきます。この繰り返しが、質の高い保育者を育ててくれるのです。
　実習日誌は、第三者が見るものです。ですから、第三者が皆さんの日誌を読み、その日の子どもの様子や出来事、保育者の対応、実習生の姿などがイメージできるように書くとよいでしょう。

✿ さまざまな記録の方法

　記録のとり方にも、目的によってさまざまな方法があります。ここでは、その一部を紹介しましょう。記録のとり方については、養成校や実習先などで指導を受けますので、その指導に従って進めてください。

時系列タイプ

　子どもの登園から降園まで、時間を追って子どもの活動内容や、保育者の援助、行動の意図、環境構成、実習生の活動や気づきを記述していく方法です。実習先の1日の生活の流れを把握するのに役立ちます。

時系列タイプの記録例

実習1日目			
今日の目標：3歳児クラスの1日の生活の流れを把握する			
実習クラス：3歳児			
時間	子どもの活動	保育士の配慮や援助・環境構成	実習生の活動・気づき
8：30	○順次登園 ・自分で身支度をし、排泄を済ませる。 ・外遊びに行く支度を行う。 ・上着がうまく着られなかったり、ファスナーが閉められない子は、そばにいる保育士や実習生に「やってください」とお願いし、手伝ってもらう。	・登園してくる子どもと保護者が安心できるように笑顔で迎える。 ・保護者から子どもの様子や体調を聞き、把握する。 ・自宅でけがをしたと、保護者から報告を受けた子どもには、けがの場所や状態、保育所での配慮事項等を伺い園生活に不安がないように配慮をする。 ・朝の支度や排泄、外遊びの準備など、子どもたちが自分で行う様子を見守る。援助が必要であったり、困っている様子の子どもには、ことばをかけて、必要ならば援助をする。	・子どもに笑顔で挨拶をする。初日の朝であり、自分でも緊張していると感じていた。 ・子どもの身支度の様子を見守るが、うまくできずに困っている子どもには、ほかの保育士が行っていることを模倣しながら、子どもにことばをかけ、子どもが少しでも自分でできるような援助を行う。 ・朝の受け入れの様子を観察し、保育士の保護者への対応について学ぶ。

　例のように、わかりやすく書くコツは、保育者の配慮や援助を記述する際に、**何の**

ために配慮しているのか、**何のために**援助をしているのかと、「何のために」を添えて記述することです。そうすると、保育の意図がわかるようになってきます。

エピソードタイプ

子どもの活動に対し、興味や関心のあった事柄について詳しく記述をする方法です。ある出来事（例えば、おままごと遊びの子ども同士のやりとりや、その時の保育者の様子）を詳しく記述することで、子どもの人間関係や思い、保育者としてのかかわり方、援助の意図、実習生としてのかかわり方などについて理解を深めていくことができます。

1日の生活の流れが把握できるようになったら、エピソードを中心にした記述に切り替えてもよいでしょう。その際は、事実だけをだらだらと書くことは避け、視点を絞って書きましょう。

エピソードタイプの記録例

実習7日目		
目標：子どもと積極的にかかわり、子どもの姿を理解する		
実習クラス：0歳児		
時間	子どもの活動	保育士の配慮や援助・環境構成	実習生の活動・気づき

時間	子どもの活動	保育士の配慮や援助・環境構成	実習生の活動・気づき
12:00	○順次午睡 ・Aちゃんは、眠たそうにしているが、なかなか入眠できないようである。	担当のB先生が抱っこをし、Aちゃんが安心して午睡に入れるように対応をしている。Aちゃんは目を閉じ始めたが、保育士が布団に下ろした途端嫌がり、再び抱っこをする。B先生は、Aちゃんの様子に合わせて気長に対応を続ける。Aちゃんは、徐々に眠りについていく。B先生は、Aちゃんがぐっすり眠った様子を確認してから布団にそっと寝かせている。	最初、Aちゃんは眠ることが嫌なのかと思った。しかしAちゃんは、自分でもどうやって入眠してよいのかわからずに困って泣いていることに気づいた。子どもは皆、すぐに眠るものだと思っていたが、子どもによって午睡への入り方もさまざまであり、これも個性だと思った。保育士の丁寧なかかわりが信頼に結びつくのだと思った。

実習生の活動や気づきには、あなた自身が感じたこと、考えたこと、疑問に思ったこと、なるほどと思ったことなどを書いていきます。毎日書くと、自分自身の子ども

に対する考え方や捉え方などを知ることができます。「よかった」「楽しそうだった」というような抽象的な表現ではなく、具体的に記述できるとよいでしょう。

課題明確タイプ

　その日の課題が明確にある場合、例えば、数日前から続いている買い物ごっこについて、子どもたちの遊びの様子を観察したいなどの、明確な課題をもってその日の実習に望んでいる場合、その課題を中心に記述していく方法です。1つの課題について、状況や人間関係、子どもの気持ち、保育者のかかわり、保育の意図などを詳しく観察することができ、子どもや保育について具体的に学ぶことができるでしょう。実習も後半になると、子どもの遊びの様子などもある程度わかってくるので、この記述方法を活用してもよいでしょう。

課題明確タイプの記録例

実習10日目

目標：3歳児の砂場の山づくり・トンネルづくりの様子から子どもたちの姿を学ぶ

実習クラス：3歳児

時間	子どもの活動	保育士の配慮や援助・環境構成	実習生の活動・気づき
10：00	今日も、Aちゃん、Bちゃん、Cちゃんが早速砂場にやってきた。昨日の痕跡を眺め、「山つくろう」とのBちゃんのことばが合図となり、各自シャベルを手に取りながら山をつくり始めた。途中でAちゃんが担任を発見し、担任も時々3人の遊びや会話に加わりながら楽しそうに山をつくっている。	数日前からこの3人で始まった山づくりが、今日も行われることを予測し、朝の環境準備では、前日の続きとして遊んでほしく、あえて昨日の山をそのままにしておいた。また、子どもたちが遊びやすいように、シャベルやスコップも砂場に準備した。担任は、子どもたちが砂場に一目散に走っていく様子を見届け、遊びの様子を見守っていた。子どもから声がかかると、子どもたちのそばに行って会話や遊びに加わり、遊びを支えていた。	3歳児なので、何日も同じ遊びが継続しないと思っていた。毎日同じ遊びを行っている3人は、何が楽しいのだろうと思い、今日は3人の遊びに視点を定めた。私は、3人の遊びに加わる機会はなく、遊びの様子を観察していた。Bちゃんの「今日も山をつくろう」ということばで砂場に集まるのは、砂場の魅力なのか、友だちと一緒に遊びたいからなのか、本当はどうなのだろうと思った。3人は、同じ遊びをしながら一緒にいることを楽しんでいるように思った。担任のように、無理に大人が遊びに加わるのではなく、子どもに必要とされたときに大人が加わり、後は子どもたちに任せることも必要だと感じた。

❀日誌を書くために心がけたいこと

　日誌が書けないと悩んでいても、上達はできません。ここに、日誌が少しでも上達するためのヒントをまとめました。実習が始まる前からちょこっとだけ意識しておくと、役に立つものもあるので、ぜひ参考にしてください。

＊**日本語の文章を書く力＝日々の積み重ね（実習だけではない）**
　日誌の基本は、日本語の文章力です。文章力をつけるためには、日誌の指導を受けただけでは不十分です。日々、書くことの積み重ねを大切にしましょう。

＊**書きことばと話しことばの区別をつける**
　日頃、書きことば、話しことばの意識なく使用している人にとって、区別は意外と難しいです。

＊**正しい漢字が書ける**
　自信がないからと、ひらがなを使ってその場をしのがないようにしましょう。

＊**行動だけではなく、なぜ・どうして・何のためにということを交えて書く**
　例えば、「登園してきた子どもに挨拶をする」だけでなく、「登園してくる子どもを笑顔で受け入れ、子どもの健康状態や前日と変わったことがないかなどを確認・把握する」というように記述するのです。そうすると、**なぜ**登園時に子ども一人ひとりに対して朝の挨拶をしているのか、その意味がわかります。

＊**感じたことや気づいたこと、学んだことを書く**
　感じることだけで終わっていませんか？　せっかくですから**気づいた**ことや**学んだ**ことなども記録に残しましょう。

＊**今日の感想・学んだこと（1日のまとめ）**
　①子どもから、②保育者から、③自分自身のことに分けて記述すると、まとめやすいです。

行動の意図を意識して書こう

保育者の子どもへのかかわりやことばかけには、些細（ささい）なことにも必ず意図があります。そこを考え、記録できると、保育者に一歩近づけます。例えば、絵本の読み聞かせ開始場面では、「子どもに座るようにことばをかける」よりも、「絵本が見える位置に座るようことばをかける」と記録をするほうが、保育の意図が明確な記録になります。「何のために」「どのように」を意識した記録を心がけましょう。

こんな「コトバ」に要注意！！

☞ よかった、楽しかった、嬉しかった

AとBは、同じ場面に関する記録です。保育者として、子どもの見方、捉え方、かかわり方について、学びが深まる記録を考えてみましょう。

記録A

AちゃんとBちゃんのケンカの仲裁をしました。2人とも、私の仲裁で仲よくなってくれてよかったです。

記録B

AちゃんとBちゃんのケンカの場面に出会いました。対応方法に戸惑いつつ、しばらく見守ることにしました。2人のケンカはなかなか解決へと向かいません。そこで迷いながらも仲裁に入ることにしました。それぞれの言い分を聞き、それを私からお互いに伝えました。何度か繰り返すうちに、お互いの気持ちがわかってきたようで、Bちゃんから自然に"ごめんね"ということばが出ました。Aちゃんも納得をしたようでした。私も自分のかかわりによって仲直りができてよかったなぁと思いました。

Bの記録のように、どのようなことがあり、どのような経過を経て、どのようになったのかを記述すると、「よかった」「楽しかった」「嬉しかった」などの言葉が引き立ちます。Aの記録のように、単に「よかった」「楽しかった」「嬉しかった」と記述しても、保育者としての学びにはつながりにくいのではないでしょうか？

まめ知識 その1

つい、使ってしまうけれど…「やる」「〜のやつ」で済まさない！

手遊びをやる	▶ 手遊びを演じる・行う
絵本をやる	▶ 絵本を読む
紙芝居をやる	▶ 紙芝居を演じる
子どもの手をふくやつ	▶ 子どもの手をふくタオル
洋服を入れるやつ	▶ 洋服をしまうかご・箱

＊「やる」や「やつ」で略すのは正しくありません。日本語としてもまちがいです。

できた、できない

子どもたちと折り紙遊びをしましたが、〇〇ちゃんはコップがつくれませんでした。

　子どもを見る視点は、「〜ができる」「〜ができない」という成果ではありません。つい事例のような表現をしてしまいますが、もし、「できた」場合は、どの

ような経過をたどったらできたのか、できるまでの**過程**をしっかりと見極めることが大切です。もし「できない」場合は、**なぜ**できないのか、今どのような過程をたどっているのかを記述するのです。援助の方法としては、できるようになるには、保育者として**何を**支援することが**この子にとって最善なのか**を見極めて援助を行うことです。できないからやってあげる、できないからしてあげることは、援助ではありません。これが「保育」なのです。

「できた」か「できなかった」かの成果だけで子どもを判断することは、子どもが本来もっている"やる気"や"根気"や"試行錯誤する力"までも奪ってしまうことになりかねません。ですから、記録をする際にも「できる」「できない」という表現は極力避けましょう。

先ほどの事例の場合、例えば、このように記述するのはいかがでしょう？

Cちゃんは、折り紙でコップづくりに興味を示していましたが、初めて挑戦しているようで、折り方の手順がわからず苦戦していました。折り紙遊びの好きなDちゃんが、つくり方を教えていました。Cちゃんは、真剣になって教わり、折っていました。

〜せる、〜させる

「座らせる」「静かにさせる」「順番に並ばせる」「トイレに行かせる」など、日誌を書いていると、つい、大人が子どもに対して「〜せる」「〜させる」と記述してしまいがちです。

「〜せる」「〜させる」という表現の主語は"大人が"です。保育は子どもが主人公のはずなのに、主語が大人では、保育ではなくなってしまいます。また、これらの表現には、子どもの考えや思いがまったく反映されていません。つまり、子どもの考えを聞かずに、大人の思いだけを一方的に押しつけていることになるのです。ですから、**子どもが主語**となるような記述を心がけましょう。例えば、「座

らせる」は「子どもが着席するようにことばをかける」、「静かにさせる」は「子どもたちが静かになるように小さな声で手遊びを行う」、「順番に並ばせる」は「手洗いで混乱しないために順番に並ぶようことばをかける」、「トイレに行かせる」「排泄させる」は、「1人で排泄ができる子どもにはトイレに行くようにことばをかける」というように記述してみませんか？　意識をして記述していくと、子どもの見方も自然と子ども主体で見られるようになります。

「促す」も最近では使用しない傾向にあります。
なぜならば、大人の考えを子どもに誘導していると捉えられるからです。「ことばをかける」「伝える」などに
変えて表現してみましょう。

まめ知識 その2

「ご」「お」をつけすぎない

ご挨拶	▶	挨拶	お昼寝	▶	昼寝・午睡（徐々に睡眠に移行していくことを入眠といいます）
お話し	▶	話し			
お片付け	▶	片づけ			
お座り	▶	座る・着席	お靴	▶	靴
お給食・お食事	▶	給食・食事	お外	▶	外
			お遊び	▶	遊び

＊日誌への記述では、「ご」や「お」のつけすぎに注意しましょう。

教える、指導する

保育は、子どもが自分でできるようになるまでの過程を援助・介助する営みです。教えてしまっては、子どもが"自分でできた""やればできる"という自信や自尊感情を育むことにつながりません。保育は、中学や高校の授業とは異なります。

ですから、保育には「教える」ということはありません。例えば、「〜できるように伝える」「〜のために説明をする」「〜とことばをかける」などと、記述してはいかがでしょうか？

怒る・叱る

そもそも保育では、怒ることはありません。怒るとは、意味なく感情をぶつけることです。これは、子どもの育ちに"百害あって一利なし"。子どもは、なぜ先生が感情をあらわにして怒っているのかわからず、怖いという恐怖感を根づかせてしまうだけです。絶対にしてはいけないことです。日誌にも「怒る」という表現はないはずです。

叱るとは、目的をもって、子どもになぜよくなかったのかを冷静に説明し、言い諭すことです。記録では、「叱る」よりも「〇〇ちゃんが理解できるように話をする」ことが、読み手に理解されやすいと思います。

なので、でも、やっぱり、いっぱい、すごく、すんごい、びっくりした、〜けど、たぶん・きっと、いまいち、うるさい、しゃべる、こんな・そんな・どんな、ちゃんと、〜だなぁ

これらは、話しことばです。書きことばに変えましょう。

なので	▶	そのために
でも	▶	しかし
やっぱり	▶	やはり

いっぱい	▶	たくさん
すごく・すんごい	▶	とても、大変、非常に　など
びっくりした	▶	驚いた
〜けど	▶	〜けれど
たぶん・きっと	▶	おそらく
いまいち	▶	不十分
うるさい	▶	げんきが余っている
しゃべる	▶	話す
こんな・そんな・どんな	▶	このような・そのような・どのような
ちゃんと	▶	丁寧に
〜だなぁ	▶	〜だと思います

絵文字・感嘆符（かんたんふ）・顔文字

実習も中盤を過ぎて、日誌も書き慣れてくると、さまざまな気づきや学びなどを記録として残したくなってきます。日誌の中に皆さんの思いがたくさん込められるようになることはよいことです。

しかし、思いが強いあまり、思わず絵文字や感嘆符や顔文字などを使用してしまうこともあるようです。これらは、使用しません。日誌は、友達と交わしている手紙やメールではありません。公式の文書なのです。

子どもの名前を記述すること

保護者としての守秘義務や倫理的配慮については、第1章で学びましたね。実習日誌を作成するうえでも、プライバシーについて配慮しましょう。子どもの名

136

前など、個人名はイニシャルにし、第三者から個人が特定できないように配慮してください。実習先の状況によって配慮の仕方も少しずつ異なります。記録するうえで困ったら、実習先に質問し、アドバイスを得ましょう。

例）
はなこちゃん　→　Aちゃん
たろうくん　　→　Bくん

子どもの行動を否定的に記述すること

現実に起きていた出来事を正直に記録することは悪いことではありません。しかし、表現方法に配慮しましょう。「つまらなそうにしていた」「うるさい子どもがいた」などと記述すると、子どもの捉え方が否定的に感じられます。「興味や関心のあることを探していた」「元気がある子どもがいた」など、肯定的な表現に変えましょう。否定的な表現ばかりが並んでしまうと、あなた自身の人の見方や捉え方が否定的だと思われることもあります。

Point!
記録は、日々の積み重ねが大事。
苦手だからこそ、意識して継続しましょう！

「計画〜立案〜実践〜反省」の繰り返しがあなたを育ててくれます！
〜指導案を作成しよう〜

　各実習先には、運営方針や保育の目的や目標があります。目的や目標を達成するために0歳から小学校入学までの見通しをもった長期的な計画のことを保育課程といいます。
　保育課程は、年齢や期、月、週、日ごとに、見通しをもって計画されます。これを、指導計画といいます。
　皆さんが実習中に責任実習（保育の一部を担任に代わって皆さんが担うこと）を行わせてもらいますが、それは指導計画の一部なのです。ですから、子どもたちの生活、育ちの流れにふさわしい責任実習を行えるように心がけましょう。
　ここでは責任実習を実施する際に作成する指導案について考えていきましょう。

❀ ねらいと内容の設定ポイント

　保育は、一つひとつの活動に「ねらい」があります。責任実習にも、もちろん「ねらい」があります。
　「ねらい」とは、**子どもに経験してほしいこと、感じてほしいこと、体験してほしいこと、味わってほしいこと**など、皆さんが「○○をすることで、子どもたち
にこんなことを感じてほしいなぁ、こんなことを味わってほしいなぁ、こんなことに気づいてほしいなぁ」といった、保育を行う者としての願いを記述します。また、子どもの育ちなどにも配慮しましょう。主人公は子どもです。
　「内容」は、子どもが経験をする事柄です。例えば、絵本を読んでもらう、しっぽとりゲームをして遊ぶ、スクリブル遊びをして楽しむなどです。もし、「ねらい」よ

り「内容」が先に決まっていたら、「内容」を行うことによって子どもたちに育ってほしいことを考えると、「ねらい」が定めやすいと思います。

指導案作成のポイント

しつこいようですが、主人公は子どもです。指導案は子どもを動かすためのもの、強制的にやらせるためのものではありません。決して、子どもに「やらせる」「〜しなくては」という意識はもたないように配慮しながら作成しましょう。

以下に、指導案作成時の主なポイントを紹介しますので、参考にしてください。

* 保育の流れに合っているかを確認しましょう。責任実習は、子どもの生活の流れの一部です。ですから、責任実習だけが生活から逸脱するようなことがないように、保育の流れに合っているのか、前後の活動を考えながら確認しましょう。
* 内容が、子どもの育ち、興味・関心に沿っているのかを確認しましょう。子どもの育ちや興味・関心につながらないことを実施しても、時間の無駄になってしまいます。また、子どもの育ちにもつながりにくいでしょう。
* 一つひとつの行動について丁寧に子どもの姿を予測しましょう。予測できることが多いほど、実際に不測の事態が訪れても冷静に対応できます。
* 自分の行動も、一つひとつ丁寧に記述しましょう。書くことでシミュレーションができ、保育の流れを把握するのに役立ちます。
* もし、予定よりも早く終わってしまったら何をしようか、予定よりも延びてしまったらどのようにしようかといったことも視野に入れて考えましょう。

指導案は、あくまでも案です。実際は、指導案通りにいかないものです。あくまで見通しをもって保育を行うための案なのです。

指導案、例えばこのように書いてみては？

実施日	8月23日　金曜日		
対象児	4歳児		
実施場所	保育室		
昨日までの子どもの姿	今週末のお祭りに向けて飾りなどを作成し、お祭りへの期待をもちながら生活を送っている。室内では、お祭りに向けた製作遊びが盛んである。子ども同士で順番やルールを決めながら遊びを進めることもできるようになってきた。1人で遊ぶことを好む子や、他児の遊ぶ様子をよく観察することを好む子もおり、個々に応じた遊び方ができている様子。天気がよければ、外でだるまさんが転んだ遊びが盛ん。		
ねらい	一人ひとりが進んで帰りの支度ができるように。紙芝居を皆で見ることの楽しさを味わう。		
内容	自分の帰りの支度をする。紙芝居「なつまつり」を演じる。		
準備	帰りの支度の流れを把握する。担任の先生の帰りの支度時の言動・行為を観察し、把握する。紙芝居を演じる練習をする。紙芝居を準備する。舞台を準備する。		
時間	予想される子どもの姿	環境構成の工夫（環境図）	保育者の援助と留意点
15:30	おやつのごちそうさまが終わり、各保育室に戻る。 ◎**帰りの支度を始める** ・実習生がことばをかける前に、自分の荷物をまとめ、座って待っている子がいる。 ・支度がなかなか進まない子や、カバンに入れ忘れている物がある子もいる。 ・週末なので、持ち物が多すぎてどのようにまとめてよいのか困っている子もいる。 ・支度ができた子どもから順次椅子に座る。	・机の上に、水筒・連絡帳・歯ブラシ・コップなどの籠を並べ、子どもたちが自分で支度ができるように配慮をする。 ・子どものロッカーの前に、電子ピアノがある場合は、ピアノを移動し、子どもたちが支度をしやすいように配慮する。	・ロッカーからカバンを持ってきて、帰る支度をするように伝える。 ・終わった子は、ほかの子が仕度をしているので座って待つように伝える。 ・週末なので、持ち物が多いことを伝える。 ・皆が自分で支度ができるように見守る。 ・支度に困っている様子の子どもには「どうしたの？」「大丈夫？」「困っているかな？」といったことばをかけ、必要ならば援助を行う。
15:40	◎**手遊びを行う** ・「お耳のごようい」の手遊びを楽しむ。 ・周囲の友達と楽しそうに話していた子も手遊びが始まると一緒に手遊びを行う。	・子どもの人数分の椅子を紙芝居が見えるようにあらかじめ3列に並べ、支度が済んだ子から座って待てるように準備する。	・全員の帰り支度が済んだことを確認する。 ・落ち着いた気持ちで紙芝居を楽しめるように「お耳のごようい」の手遊びを行う。

	◎紙芝居を鑑賞する ・紙芝居「なつまつり」の話に夢中になって聞いている。 ・紙芝居を見ながら知っている虫の名前をことばに出す子どもがいる。 ・紙芝居の途中で話を始めてしまう子がいる。		・紙芝居の舞台のそばに立ち、子どもたちに紙芝居が見えるかどうか確認をする。見えにくい位置に座っている子どもには、見える位置を伝え、移動することを勧める。 ・題名を読み、紙芝居が始まる雰囲気をつくる。 ・子どもが発することばは、なるべく拾うようにして進める。 ・話し始めてしまう子には、他の子が紙芝居を聞いているので、紙芝居が終わったら話の続きができることを伝える。

担当の先生にアドバイスをもらおう

　保育は日々の積み重ねから成り立っています。皆さんが計画し、立案したものが、これまでのそのクラスの保育の積み重ねに沿っていることが、望ましい指導案です。そのためにも、担当の先生に指導案を提出し、保育の流れに沿っているかどうかを確認してもらいましょう。担当の先生は、日々の保育の積み重ねのなかで子どもの育ちや興味・関心を把握していますので、皆さんが責任実習を行うために必要なアドバイスをくれるでしょう。

❀指導案をもとに実践しよう

　指導案は、あくまでも案です。あらかじめ子どもの姿を予測しながら立てたものが指導案であり、実際に行うと、指導案通りにはいかないはずです。ただ、指導案を立てたことで、「こういうことはできるかなぁ」「こういうことは喜んでくれるかなぁ」「この言い方は

理解してくれるかなぁ」「ここではこのような反応をしてくれるかなぁ」と、子どものさまざまな姿を予測することができたのではないでしょうか。指導案では、それが大切なのです。

　無理をして、指導案通りに完璧に行おうと奮闘しすぎないでください。指導案通りにスムーズにできてしまったということは、もしかしたら、皆さんが子どもに向き合わずに一方的に指導実習を進めてしまったのかもしれません。あるいは、子どもたちが「できない」とか「わからない」などの自由で正直な発言ができないほどの窮屈な雰囲気をあなたが醸し出していたのかもしれません。

　失敗は成功のもとです。たくさん戸惑い、どうすればよいのか、子どもの様子をしっかりと見つめながら考えて保育を進めてください。皆さんが失敗と思っていても、子どもは失敗とは思っていません。

　もし、子どもに「間違っちゃったの？」と聞かれたら、正直に「そうなの。間違っちゃったの」と答えればよいことです。正直な皆さんの姿から、子どもは「大人も間違うことがあるのだな。安心した」と、人間は誰でも間違うことがあること、正直であるべきことを学べるでしょう。変な理屈で自分を正当化することだけはやめましょう。大人としても醜いです。

　実践をし、指導案と実際とではどこが違ったのか、何に配慮しておけばもっとスムーズに行えたのかなど、指導案と実際の保育との違いを体験しましょう。実践を通して、指導案に欠けていた部分に気づけることが、保育者としての育ちにもつながるのです。

✿ 振り返りをしよう

（よかったところ、もっと工夫をすればよかったところ、何で失敗したのか、その原因、次回変えてみたいところなどを考えましょう）

　責任実習を行って、いかがでしたか？

保育は、計画→立案→実践→振り返りの連続です。皆さんも、責任実習を行い、自分の保育を振り返ってみましょう。

　では、いったい何を振り返ればよいのでしょう？

　まずは、純粋な感想です。責任実習を終えてあなたのありのままの感想を書き留めましょう。思っていたことを文字にすることで、少し冷静に考えることができるようになります。

　次に、よくできたところを考えましょう。責任実習でよくできたと思うところを振り返ります。どんなに失敗だったなぁと思っていても、そのなかによくできたと思えることも必ずあります。そして、なぜ、よくできたと思ったのか、その理由も一緒に考えましょう。よくできたと思える原因がわかると、皆さん自身の保育の方法が見えてくるので、今後の保育にも役立ちます。

　さらに、失敗しちゃったなぁと思うところを考えましょう。そして、なぜ、失敗したのか、その理由も考えましょう。これが保育者としての成長の秘訣です。原因を考えることで、同じ失敗を繰り返さなくなります。また、担当の先生などからのアドバイス（第三者からのアドバイス）は、保育者として成長させてもらえるエッセンスが満載です。たくさんもらってください。

Point!

指導案は保育の見通しを立てるもの。
実践＋振り返りがあなたを育ててくれます。

実習先は、実習生の応援団！
～実習先が望んでいる実習生の姿～

　実習先では、実習生の実習の様子をどのように捉えているのでしょう。実習が始まり数日が経つと、皆さんも慣れてきて実習初日とは気持ちや取り組み方が異なってきます。実習先でも、実習の始まりとはまた異なった期待を皆さんにもつことでしょう。いろいろと注意を受けたり、アドバイスをもらえるということは、保育者として育ってほしいという熱い想いと、この人なら成長できるという期待の表れです。

　ここでは、実習を受け入れる立場から見た実習生の実習中の姿や、実習先として学んでほしいと願っている内容について学びます。第2章で学んだ、実習初日に受け入れ先が望む実習生の姿や心構えに加えて学んでいきましょう。

実習に慣れてきた頃に意識し直してほしいこと（受け入れる立場から）

通勤時

　体調がよくない時や、交通機関等の事情で遅れてしまう時など、欠席や遅刻をした場合の連絡方法を確認しましょう。また、インフルエンザなど感染症等にかかって体調をくずしてしまった場合は、周囲に迷惑をかけないように休む勇気をもつことも必要です。欠席する場合は、実習先に必ず連絡をしましょう。また、回復して出勤をしたら、実習先の先生方に、「お休みをいただきありがとうございました」「欠席をして申し訳ございませんでした」といった挨拶をすることも、周囲の人への配慮として、円滑な人間関係を築くために大切なことです。

また、通勤服は、園の職員として相応しい服装ですか？　通勤途中（自宅でも）や友達に出会ったりしても実習先のことや子どもの話を具体的にすることは保育者として守秘義務違反になりますので、十分配慮をしましょう。
　もし、大雪や台風等、天候が悪い時に園の先生が園周りの環境整備をしていたら、手伝う必要があるか聞いてみましょう。

出勤したら

　挨拶は、相手にわかるように行えていますか？　実習日誌は毎朝担当の先生に提出できていますか？　もし、忘れてしまったら、正直に報告し、翌日必ず提出する約束をしましょう。
　また、時間に余裕をもって保育室に入っていますか？

保育室に入ったら

　子どもの受け入れや連絡事項について、どのように行っているのか、保育者の様子を観察してみましょう。
　子どもとのかかわりは積極的に行ってよいのですが、成長・発達段階で担任が特に配慮している場合もあります。注意すべき点を聞いてみましょう。
　わからないことや疑問に思ったことを質問することは、保育を理解するうえで大切なことです。質問がある場合は、午睡中などを利用しましょう。質問が全くないということは、実習を行うなかでの気づきや、保育者になりたいという気持ちがないように感じられてしまう危険があります。日誌に質問を書くよりも、保育者に直接質問をしたほうが、より具体的なアドバイスが得られます。また、嬉しかったことや感じたこと、感動したことなど、なんでも伝えてほしいです。
　実習は、保育者になるためのトレーニング期間です。わからないからと言って何でもかんでも保育者に指示を仰ぐのではなく、状況によっては、自分自身で考え行動することも保育者になるためには大切です。

🌷 休憩中

休憩をとることは権利ですから、くつろいでください。休憩は、職員と一緒になることが多いでしょう。実習生としては、緊張するかもしれません。しかし、このような時こそが逆にチャンスです！　1人で携帯電話やスマートフォンなどに視線を向けていないで、ぜひ職員の会話に入ってみてください。会話に入りにくい場合は、話を一緒に聞いているだけでもよいでしょう。そうすると、保育中になかなかとれなかったコミュニケーションをとることができ、その後の実習がスムーズに運ぶようになります。

🌷 子どもの人権・子どもの権利にも目を向けて

子どもの権利条約を知っていますか？　子どもが子どもらしく生きる権利のことです。保育所等では、子どもの権利についてどのような配慮を行っているのか、学びましょう。

保育所等の社会的責任についても考えるとよいでしょう。社会的責任とは、①子どもの人権への配慮、②保護者や地域社会に、保育所が行う保育の内容を適切に説明する努力、③個人情報の適切な取り扱いと、保護者の苦情などに対する解決への努力のことです。これらは、保育所保育指針にも書かれていることなのです。

✾ 実習だからこそ学んでほしいこと（受け入れる立場から）

遊びを豊かにする環境づくりについて学びましょう。保育所等ではさまざまな工夫がなされています。

保育者の動きや子どもへのかかわり方、ことばのかけ方については、実践だからこそ学べることがたくさんあります。ぜひ学んでいきましょう。

また、職員間の連携についても学びましょう。保育がスムーズに営まれるヒントが得られます。

多くの子どもたちと触れ合いましょう。触れ合うな

かで、「かかわりがうまくいかなかった」「失敗した」と感じることがたくさん出てくると思います。そのような経験を通して保育を学ぶことができます。

　安全に配慮をすることは不可欠ですが、実習生は現場の保育者よりも純粋な感性をもっていると思います。その感性で、どんどん子どもとかかわり、失敗をしながら学んでほしいです。保育は試行錯誤の繰り返しです。始めから完璧を求めないでください。

　雑用も保育に必要な仕事です。積極的に行ってみましょう。

実習生を受け入れて（受け入れる立場から見た実習生の姿）

実習生として好感がもてる姿

笑顔で実習に取り組んでいると、受け入れている側として応援したくなります。

穏やかな表情や振る舞いと、優しい声のトーンを心がけている実習生には好感がもてます。

何をしたらよいのかわからない時、どうしたらよいのかわからない時に、ただその場にいるのではなく、保育者に指示を仰ぐ実習生には、意欲が感じられます。

子どものよいところを見つけられる実習生。また、そのことを反省会等で報告してくれる実習生。そうしてもらえると、情報共有ができてありがたい。

子ども同士のトラブルが起こった時に、解決を急がずじっくりかかわろうとする姿勢。子どもたちの話を一生懸命聞こうとする姿勢が素晴らしい。

その日の目標を立て、それに向けて取り組もうとする姿勢。

部分実習や責任実習で、十分に考え準備をしたなぁと感じられる実習は、失敗に終わっても次に活かすアドバイスがしやすいです。

こんな配慮ができる実習生もいます！

「日誌に印鑑の朱肉が付いてしまいました…」

　実習が始まって3日目のことです。Aさんが2日目の日誌を自宅で書いていると、訂正印で使用した印鑑の朱肉が、ほかの行にも付いてしまいました。日誌を少し汚してしまったのでどうしようと悩んでいたAさんですが、日誌はそのまま書き終えました。翌日、実習先に到着したAさんは、朱肉の汚れのことを園長先生に報告しようとしましたが、不在でした。そこで、決まりどおり、机の上に提出しておきました。

　同日の午後、園長先生が出張から戻りました。タイミングを見計らって、Aさんは日誌を机の上に提出したこと、また、朱肉で少し汚してしまったことを率直に報告し、失礼をお詫びしました。園長先生は、自身の行為に責任をもち、ささいなことも報告してくれたAさんを、配慮が行き届く素晴らしい人間であると感心しました。

実習生を受け入れて困ったなぁと感じる姿

あぐらをかいて子どもとかかわっている姿は、咄嗟（とっさ）の事態への対応が遅くなるので、ふさわしくないと思います。

実習生同士が、保育中におしゃべりをして子どもを見ていないことがあります。子どもの安全にもかかわることなので、もっと保育者としての自覚をもってほしいと思います。

子どもに「〜しちゃダメ」「〜しなさい」と、指示や禁止ばかり出すことは、子どもが主体の保育ではなくなってしまうため、気をつけたほうがよいと思います。「〜ができるよ」「〜はどうかな」など、肯定的なことばのかけ方、子どもが自分で考えて行動できることばのかけ方を学んでほしいと思います。

子どもと遊んでいる際に、遊びに夢中になりすぎて、すぐそばの子ども同士のトラブルに気づかなかった実習生がいました。遊びながらも周囲の子どもの様子に配慮ができるとよいと思います。

何でも写真に撮って済まそうとすることは、個人情報などにもかかわるので十分配慮してほしいです。

日誌を書くうえで、漢字が書けなかったり、誤字・脱字だらけであったり、日誌の内容が事実と異なる場合があります。正しい日本語、正しい漢字を使用し、記録には、その日実際に起こったことを要点をまとめて書き、気づきや考えたことなどを盛り込んで作成するとよいと思います。

確認しよう！ 行動チェックリスト

実習に慣れてきた頃です。実習生としての行動を確認しましょう！

- ☐ 通勤時の身だしなみは、社会人としてふさわしい
- ☐ 表情は、常に微笑み（笑顔）を心がけている
- ☐ 日誌は、毎朝、決められた先生に手渡しをしている（もし、不在で机の上などに提出をした場合は、あとで机に提出した旨を必ず伝える）
- ☐ 相手に聞こえる挨拶を心がけている（挨拶をしたつもりは挨拶ではありません）
- ☐ ことばのつかい方は、実習生としての自覚のあるものである（マジ、〜じゃん、チョー、ヤバい、マズい、キモ〜、でも〜、ご苦労様などは使用しないように心がけている）
- ☐ 保育中の身だしなみは、周囲に不快を与えていない（服装、メーク、髪型など）
- ☐ 保育中の身だしなみは、子どもに危険がない
- ☐ 保育中に、メモばかり取っていない
- ☐ 実習生として、「してくれる」「やってくれる」と受け身の姿勢でいない。自分から行動をしている
- ☐ 子どもとかかわる際には、子どもの様子を見て、かかわり方を工夫している（遊びに入れてもらったり、少し様子を観察してみたりなど）
- ☐ 子どもとかかわる際には、自分の位置を考えている（保育室の真ん中に座らない。背中を壁に向けて座っている。子どもの遊びを妨げるような位置にいないなど）
- ☐ 保育室では正座を心がけ、すぐに動けるように心がけている
- ☐ 子どもとかかわる際には、しゃがむなどして子どもの目を見ながらかかわっている
- ☐ 子どもへの語りかけは、子どもが理解できるように、わかりやすく簡潔にしている
- ☐ 自分で判断せず、担任などの保育者に相談や確認をとっている
- ☐ わからないことはタイミングを見て自分から質問をしている
- ☐ 子どもを呼ぶときは、「ちゃん」や「くん」などをつけて呼んでいる
- ☐ 泣いている子どもに向かって「赤ちゃん」と言っていない
- ☐ 子どもを脅すようなことばをかけていない（「暗いところに連れていかれちゃうよ」など）
- ☐ 部分実習や責任実習に向けて、担当の先生と相談を進めている

第4章

＜実習期間終了＞

実習最終日〜実習後

お別れのとき、あなたの気持ちを
どのように伝えますか？
〜別れの挨拶をしよう〜

　さて、実習もいよいよ無事に終わりを迎えようとしています。皆さんは、実習が無事に終わることで、安堵の気持ちを隠せないと思います。しかし、子どもの立場からすると、せっかく来てくれたお兄ちゃん、お姉ちゃんなのに、いなくなってしまうという寂しさや、また会えるかなぁという不安もよぎるのではないでしょうか。

　子どもの心の育ちの過程を今一度思い出してください。乳幼児期は、毎日の規則正しい生活の繰り返しのなかで、信頼できる一定の大人の愛情を受けながら生活することが最も大切な時期です。そのような時期の子どもと皆さんは生活をともにしてきたわけですから、子どもがわかるようにお別れの挨拶をする必要があります。黙っていなくなっては、子どもが不安がります。皆さんが実習でお世話になったことで子どもが不安を感じないように、最後まで実習生として、また保育者のたまごとして、子どもの育ちや自分の行動に責任をもちたいものです。

　ここでは、子どもを始め、実習でお世話になった人に向けたお別れの挨拶について考えましょう。

❋ 別れの挨拶を考えよう

子どもへの挨拶

　長期間実習を行っていると、実習先に慣れ、子どもと親しくなれたなぁと皆さんが感じるのと同じように、子どもたちも、皆さんのいる生活に慣れてきます。なかには、「この人は、いつまでもいてくれるかもしれない」と信じ始めている子どももいるかもしれません。また、子どもに、実習期間の説明をしても、まだ理解をすることは難しいでしょう。ですから、特に幼児クラスの場合は、実習最終日にははっきりと、「私

は、また学校に戻って勉強をするので、学校に帰ります。皆さんとは今日でお別れです。遊んでくれてありがとう」など、子どもがわかるように挨拶をする必要があります。決して、「明日も遊ぼうね」「明日も来るからね」といった嘘を言わないようにしましょう。子どもは、大人から嘘をつかれると、人を信用しなくなってしまいます。幼児も年齢が高くなると、自分から「先生、いつまでいるの？」と尋ねてくることでしょう。そうしたら、「○日までだよ」と明確に伝えるのです。

　子どもに向かってお別れの挨拶をすることで、次の日、皆さんが保育所にいなくても、子どもは皆さんを探さずにいつもの生活を送ることができます。たかが挨拶ですが、子どもの育ちを考えた場合、それはとても大切な行為なのです。

Point!
どんなに辛い別れでも、嘘はダメ！
正直にわかりやすく伝えましょう。

もし、「帰らないで」と泣かれてしまったら？

　あなたが子どもに好かれていた証ですね。ありがたいことです。子どもが泣いてしまい、あなたは困ることでしょう。しかし、決してその場しのぎの嘘はつかないでください。泣かれてしまっても、「お姉さんに帰ってほしくないのね。ありがとう。お姉さんは、まだ本当の先生ではないので学校でお勉強をする必要があるのよ。だから、明日から学校に行くの。遊んでくれてありがとう」などと、子どもの気持ちを受け止めながら正直に伝えましょう。

もし、挨拶をしたにもかかわらず、「明日また来る？」と聞かれたら？

「明日は来られないの。明日からは、学校でお勉強をするの」「一緒に遊べて楽しかったよ」など、お別れであることを子どもにわかりやすく答えましょう。

保護者への挨拶

保護者へは、皆さんの実習期間について、お手紙や掲示などで通知されていることでしょう。

実習最終日に保護者と接する機会がある場合は、保護者へも「本日で実習が終わります。お世話になりました」などと挨拶をしましょう。

大切な子どもをお預かりしている施設です。例え実習生であってもコソコソといなくなるようなことは、保護者に不安を与えかねません。挨拶は、自分の存在を示し、人と人とを結ぶ役割もあるので、保護者へもしっかりと挨拶ができるとよいですね。

保育者への挨拶

まず、実習を行わせていただいたクラスの先生にお礼を伝えましょう。「ご指導ありがとうございました」などと、丁寧に誠意をもって伝えます。

また、給食室の調理の先生、事務や看護の先生、お世話になった先生にも挨拶をしましょう。

園長先生、中心になって実習を指導してくださった主任の先生には、着替えや片づけが済んだ最後に挨拶をするとよいでしょう。お礼に加え、学んだ事柄も一言二言述べられると、受け入れてくださった実習先としても、「受け入れてよかった。また来てほしい」と思ってくださることでしょう。この時に、日誌を届ける日

程も相談をすると確実です。

　大切なことは、誠意をもって挨拶をすることです。最後まで実習生としての自覚をもって行いましょう。

　挨拶は歩きながらではなく、立ち止まってお辞儀をします。廊下などで歩きながらの挨拶は"ついで"のように感じられてしまいます。

実習反省会

　多くの施設が、実習最終日に反省会を実施してくれます。この場には、皆さんを受け入れてくださったクラスの先生や主任の先生、園長先生などが出席をし、皆さんの実習・責任実習などについて総合的にアドバイスをくれます。これは、とても貴重な時間です。実習先は、皆さんに今後、保育者として成長してほしいという願いを込めてアドバイスをしてくれますので、たくさんのアドバイスをもらいましょう。褒められることよりも、こうしたらいい、ここに配慮するともっとよかったといった事柄をたくさん得られたほうが、皆さんの実力につながります。言われてよかったなぁと思えるといいですね。最近、反省会でいろいろと言われてしまったので自分は保育者に向いていない、言われたから自信がなくなったと、単純に考えてしまう人がいるようですが、人は普通、本当に見込みがないと判断した場合は、アドバイスや指導を一切行わないのではないでしょうか？いろいろと言われるということは、それだけ保育者として期待されているからなのだと理解しましょう。

　反省会は、先輩保育者からアドバイスや指導をもらい、皆さんの保育力向上につなげる絶好の機会なのです。

実習で学んださまざまなことを
自分のことばで伝えましょう！
～お礼状を書こう～

　実習が終わると、達成感と安堵感と、反省とやり残した気持ちと、さまざまな思いが皆さんの心を覆うことでしょう。日誌の提出もまだ残っていますし…。実習最終日には、実習先でお世話になった方々に直接お礼を述べたと思いますが、実習を終え、落ち着いて実習での学びを振り返ることができるこの時期に、お礼状を出しましょう。

✿お礼状を出すタイミング

　長期間実習を行うと、さまざまな思い出や学びを経験します。お世話になった園長先生をはじめ、担任の先生、職員の皆様に、お礼の気持ちを書きましょう。

　お礼状は、実習終了後からおよそ2週間以内に実習先に届くようにします。同じ実習先に数名でお世話になった場合でも、お礼状は1人1通ずつ出しましょう。

✿お礼状の書き方のポイント

お礼状は、必ず封書で出します。
　便箋・封筒は白無地を使用し、丁寧に書きます。カラーのものや模様入り、茶封筒は使用しません。

　文字は縦書きで、黒のボールペンや水性ペンを使用しましょう。1枚で文章が収まってしまう場合でも、白紙の便箋を重ね、2枚にします。

　下書きをし、誤字脱字のないように十分配慮をします。わからない漢字があったらひらがなで済まさず、面倒に思わずに辞書などで確認しましょう。

　お礼の気持ち、実習で学んだこと、印象に残った出来事、今後の抱負などを、「です・

ます調」の敬語を使用し、失礼のない自分の表現で書きます。心をこめて書いた文章は、不思議と相手によく伝わるものです。インターネットや本にあるような文例の丸写しをする人がいますが、機械的な感情のない文となり、あなたの気持ちが伝わりません。

お礼状を書くのが遅くなってしまったら…

遅くなっても、お礼状は出しましょう。その際に、遅れてしまったことへのお詫びのことばを添えるとよいでしょう。

封筒の書き方のポイント

ここに気をつけましょう。

表 宛名は、住所よりもやや大きめの文字で書きます。
氏名は、封筒の中心に書きます。
切手を貼ります。

裏 実習生の住所、氏名を丁寧にバランスよく書きます。

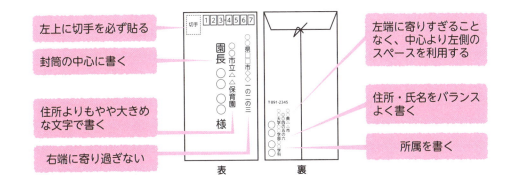

✳文章の書き方のポイント

お礼状は、以下の順序で書くと安心です。

もっとも大切なことは、誠意をもって**あなたのことば**で、学んだことや思い出に残ったこと、経験したこと、今後の抱負などを**丁寧**に書くことです。

前文　頭語（書き出しのことば。「拝啓」が一般的）
　　　時候の挨拶（季節感を表す文章）
　　　安否を尋ねる挨拶（相手の健康を気づかうことば）
　　　感謝・お礼の挨拶

主文　敬語に気をつけて、あなたのことばで感謝の気持ち
　　　を書きます

末文　結びの挨拶（健康や繁栄を願うことば。時候と絡めて）
　　　結語（「敬具」が一般的）

後付け　日付（○○年○月○日）
　　　差出人名前（あなたの所属と名前）
　　　宛名（○○保育園園長　○○○○先生　など）

自分のことばでお礼状を書くと、実習生が何を経験し、何を学んだのかが、実習先にとてもわかりやすく伝わります。実習先も、皆さんを受け入れたことを喜んでくれるでしょう。

実習を終えたAさんは、以下のようにお礼状を書きました（例）。

第4章 実習期間終了 実習最終日〜実習後

後付け　末文　主文　前文

拝啓

梅雨空が続く毎日ですが、園長先生をはじめ、先生方におかれましてはお変わりなくお過ごしのことと存じます。

この度の実習では、大変お世話になり、ありがとうございました。入園・進級をしたばかりで、ご多忙な時期にもかかわらず、先生方には丁寧なご指導をしていただいたことに感謝をしております。

○○組の子どもたちと一緒に生活をしていくうちに、少しずつ子どもの性格や個性を理解していくことができました。また、子どもの日々の変化に注目し、小さな成長をたくさん見つけ、喜びを共有できたことが、私にとってとても貴重な経験となりました。

このような経験ができたのは、実習期間を同じクラスで生活する機会をくださった園長先生や担任の○○先生のおかげだと思っております。○○先生には、一人ひとりの子どもと向き合うことの大切さと、子どもの成長を支える者としての責任の重さを教えていただきました。また、部分実習や責任実習のために、貴重な時間を提供してくださったことに感謝の気持ちでいっぱいです。

責任実習では、子どもの前に立って、活動を進めていくことの難しさを知りましたが、それと同時に子どもと一緒に活動をする楽しさも味わうことができました。製作をしたもので、子どもたちが喜んで楽しそうに遊ぶ姿を見て、保育者としてのやりがいを感じました。子どもが楽しく活動できるために、たくさん考え、悩み、工夫をし、大変だと感じることもありましたが、楽しめる空間をつくることは保育者としての務めだと感じることができ、重要なことを学べました。この学びも、貴園で実習をしたからできたことだと思います。

今回の実習で得た知識を、今後の勉学に活かし、将来○○保育園の先生方のような子どもの気持ちを大切にできる保育者を目指して努力をしたいと思います。

最後になりましたが、ご指導いただきました園長先生はじめ諸先生方、そして、先生として受け入れてくださった子どもたちに改めて感謝を致します。

それではまた、お目にかかれる日を楽しみにしております。

先生方のご健康を心よりお祈り申し上げます。

敬具

○○年○月○日

○○○○○○大学
○○○
○○○○○○

○○○○○先生
○○○○保育園園長

今後に向けて始動！
～実習を振り返ろう～

　実習、がんばりましたね。実習は、保育者としての第一歩ですから、決して楽しいことだけではなかったはずです。大変だったなぁ、ちょっと失敗しちゃったなぁということを振り返り、その原因を考え、次回の保育につなげようと前向きに思えることが、実習を終えた皆さんに必要なことです。それが、保育者として成長させてくれるものなのです。始めから完璧な人はいません。

　保育は、人が人を育てる営みです。常に悩みながら、常に試行錯誤しながら行うのが普通なのです。それを面倒だと思ってしまっては、子どものための保育にはつながりません。

　実習を終えたところで、まず実習を振り返り、自己を見つめ直しましょう。

✳実習中に学んだことをまとめよう

　実習では、皆さんが思い描いていたこととは異なるさまざまな学びがあったと思います。以下の視点から、学んだことを整理しましょう。項目に分けて書き出すと、できたこと、これから努力をすることなどが自然と見えてきます。それが、今後の実習の目標や課題に結びつくのです。書く作業を通して、客観的に自分の実習を振り返ることができますので、学び足りなかったことなども冷静に判断ができます。

学びの1つ目 ▶ 子どもから学んだこと

　実習を通して、子どもから学んだことを書き出してみましょう。
何を学んだのかわからない場合は、子どもって面白いなぁと思ったことや、子どもって意

外だなぁと思ったことを思い出して書いてみるのもよいでしょう。今まで気づかなかった子どもの一面に気づけます。

視点1　年齢ごとの育ちの姿

各年齢で実習を行い、子どもの育ちの姿の実際について学ぶことができましたね。そのことを、あなた自身のことばで年齢ごとにまとめてみましょう。

視点2　子どもの遊びについて

年齢によって、子どもが夢中になっていた遊びはさまざまです。子どもがどのような遊びを行っていたのか、室内・屋外に分け、また、年齢に分けて振り返ってみましょう。

視点3　子ども同士のかかわりについて

子ども同士で、どのようなかかわりをしていたのかを思い出し、年齢ごとに書き出してみましょう。

学びの視点を参考に振り返ると、今後の保育に役立ちやすいでしょう。

学びの2つ目　保育者から学んだこと

保育者の仕事などについて、学んだことを書き出してみましょう。

保育者の業務内容は多岐にわたりますので、以下の視点から考えていくとまとめやすいと思います。

視点1　個々の子どもとのかかわり

保育者が、個々の子どもとどのようにかかわっていたのかを思い出し、そこから学んだことを書き出しましょう。できれば、実習を行ったクラスごとに書き出せると、子どもの個々の育ちに応じたかかわりが学べると思います。

視点2　集団に向けてのかかわり

　集まって手遊びを行うなど、保育者が集団の子どもに向けてかかわることがあったと思います。そこから学んだことを思い出して書きましょう。ことばのかけ方や椅子の並べ方など、案外皆さんが実習中に見落としている部分に保育のヒントが隠れていることがあります。年齢やクラスに分けて書き出すと、発達に応じた配慮が学べます。

視点3　保護者への対応

　保護者への対応は、観察できる機会がなかったかもしれません。少しでも学べたことがあったならば、記録をしましょう。保護者対応は、保育者として大切な仕事の1つです。保護者との直接的なかかわりからだけではなく、おたより帳や毎日の連絡ボードなどからでも学べたことはあるはずです。今一度アンテナを張り直して振り返りましょう。

視点4　そのほかの仕事について学んだこと

　そのほか、保育者から学んだことがあれば、どのようなことでもよいですから振り返り、学びとしましょう。

学びの3つ目　保護者から学んだこと

　実習生の場合、保護者との接点はほとんどなかったかもしれません。もし保護者（子どもを預ける者）について、わかったこと、学んだことがあれば記録しましょう。

　振り返りで大切なことは、決して批判的・否定的な見方をしないことです。前向きな学び、今後、自分が保育に活かせるような振り返りを行うことにこそ、保育者として成長できる学びの意義があるのです。

実習を終えてやり残したことをまとめよう

　後になって実習中に、「あの時こうすればよかったなぁ」と気づくことがあります。この気づきが保育者の育ちとして大切です。ここでは、やり残したことについて少し具体的に見つめ直していきましょう。やり残したことは、失敗とは異なります。実習を行ったから気づけることなのです。

その①　実習でやり残したことを見つめ直そう

　あなたが実習でやり残したと思うことをいくつでもよいので書き出しましょう。どのようなことでも構いません。

その②　なぜ、やり残したのかを振り返ろう（やり残してしまった理由）

　①で書き出した内容について、やり残してしまったなぁと思う理由を、具体的に書き出しましょう。この作業を行うことで、次回の実習から、同じことを繰り返さずにすみます。つまり、実習生としてのスキルアップにつながるのです。

**その③　やり残したことを次回にどのように活かしていくか
（次回に活かすために、あなたは何に配慮しますか？）**

　②で原因を探りましたね。では、次回の実習で、それらやり残したことを実践するために、あなたはどのようなことに配慮をしようと思いますか？　具体的に書きましょう。

記録（実習日誌）を読み返して振り返ろう

　実習中には、毎日日誌への記録も行いました。実習先での指導もあり、記録方法にも成長があったことでしょう。
　ここでは、記録（実習日誌）の振り返りを行います。

その① 実習先で、指導してもらったことをまとめよう

日誌に関して、実習先で指導してもらった事柄を書き出しましょう。書き出した事柄については、2回目以降の実習で繰り返さないようにしましょう。

その② 1日目と最終日の日誌で変化した点に気づこう
（よく変化した点、変わらなかった点を具体的に書こう）

日誌の記述内容について変化したと思う点を具体的に考え、書き出しましょう。その際に、「子どもの活動」「保育者の活動や配慮」「環境構成」「実習生の活動や気づき」「学び・反省・感想」など、日誌中の項目ごとに分けて振り返ると、わかりやすいでしょう。

その③ 次回から気をつけたい点（改善点）

①②をまとめてみて、次回の実習から改善したいと思う点を具体的に書き出しましょう。そして、次回の実習から実践しましょう。

✿2回目の実習に向けての心構え

最後に、今度こそがんばりたいこと、新たに学びたいこと、チャレンジしたいことなど、今回の実習を経験したからこそ芽生えた心構えを書き出しましょう。これは、次回の実習の新たな目標にもなります。1回目の実習があったからこその目標です。

振り返りは、自分の失敗やできなかったことを悔やんだり、自信を失うために行うのではありません。次回に向けた改善点、新たな目標設定のためにあります。自分自身を見つめ直し、一歩ずつ前進しましょう。

次回の実習に向けて、そして保育者としてがんばっているあなたへ

　人が人を育てる営みに、絶対的な答えはありません。あなたと出会った子どもの数の分だけ保育の方法もあるのです。同じ子どもだって、毎日成長しているので、まったく同じではありません。大切なことは、子どもたちが楽しんで安心して生活できること、そして、あなた自身も、子どもと一緒にいて楽しいなぁと思えることです。泣いている赤ちゃんを見て、「あぁ、どうしよう」と思うのではなくて、「赤ちゃんって、泣いていてもかわいいなぁ」と思えたらいいですね。そんな大人には、赤ちゃんも安心して身を任せられます。

　「〜せねばならない」と考えを締めつけることなく、「子どもから学ぼう」「子どもに教えてもらおう」という、子どもの姿、心の声に意識を傾けられる保育を心がけてください。心がけるだけでも保育は変わってきます。

　子どもが好きなだけでは、保育はできません。子どもに好かれて初めて保育が成り立ちます。

　同じ保育をするならば、子どもに好かれ、信頼された保育者になりたいものですね。

おわりに

　読んでみていかがでしたか？

　保育実習（教育実習）は、特別に難しいものでも、大変なものでもなく、子どもの生活する世界に皆さんがちょっとお邪魔させていただき、どのようなことをしているのか教わる場所だということがわかっていただけたなら嬉しいです。

　実習で配慮をすることも、実習だから特別にということではなく、皆さんのこれまでの生活のなかで少しずつ気をつけていれば安心なことが多かったと思います。

　「はじめに」でも述べましたが、完璧な人間はいません。さまざまな経験や体験を積み重ねるなかで、悩んだり悔しがったり喜んだりしながら成長していくのです。皆さんは、保育者になるスタート地点に立ったばかりです。経験の積み重ねはこれからなのです。できないことや苦手なことがあったとしても心配しないでください。それもあなたの個性です。ぜひお願いしたいことは、「してもらおう」「やってもらおう」といった受け身の姿勢ばかりをとらず、皆さんからもわからないことがあったらぜひ質問したりアドバイスを求めたりする行動を起こしてほしいということです。そうすることで、新たな発見がたくさんできるでしょう。ちょっとの勇気と微笑みをもって実習に行ってくださいね。

　最後に、本書を製作するにあたり多くの方々のご協力をいただきました。横浜市子ども青少年局子育て支援部保育・教育人材課（元公立保育園園長）の北見智美先生、横浜市金沢さくら保育園園長の長門久美子先生（8 ～ 13 頁の執筆協力）及び職員の皆さま、社会福祉法人杜の会杜ちゃいるど園園長大竹みどり先生、並びにかさまの杜保育園園長の磯山真子先生には、実習を受け入れている立場として、大変貴重な助言・資料をいただきました。深く感謝いたします。さらに、事例等を提供くださいました学生の皆さまにも、併せて感謝いたします。また、企画の立案から出版まで、長期にわたり忍耐強くサポートしてくださいました中央法規出版の有賀剛様の支えがあって本書が完成したことをここに記し、感謝いたします。

　2016 年 3 月

寶川雅子

● 著者プロフィール

寳川雅子（ほうかわ・まさこ）

鎌倉女子大学短期大学部准教授。
専門は、保育、育児、子育て支援。
主な著書に、『実践につなぐ ことばと保育』ひとなる書房、2011年（共著）、『乳児保育を学ぶ』大学図書出版、2015年（共著）、『基本保育シリーズ③ 児童家庭福祉』中央法規出版、2016年（共著）、『基本保育シリーズ⑬ 家庭支援論』中央法規出版、2016年（共著）等。

わかる！ 安心！ 自信がもてる！
保育・教育実習 完全サポートブック

2016年4月20日 発行

著　者	寳川雅子
発行者	荘村明彦
発行所	中央法規出版株式会社

〒110-0016　東京都台東区台東3-29-1 中央法規ビル
営　　業　TEL 03-3834-5817　FAX 03-3837-8037
書店窓口　TEL 03-3834-5815　FAX 03-3837-8035
編　　集　TEL 03-3834-5812　FAX 03-3837-8032
http://www.chuohoki.co.jp/

装幀・本文デザイン	株式会社ジャパンマテリアル／岩﨑珠海
イラスト	ひらのんさ
印刷・製本	株式会社リーブルテック

ISBN978-4-8058-5326-9

本書のコピー、スキャン、デジタル化等の無断複製は、著作権法上での例外を除き禁じられています。また、本書を代行業者等の第三者に依頼してコピー、スキャン、デジタル化することは、たとえ個人や家庭内での利用であっても著作権法違反です。

定価はカバーに表示してあります。
落丁本・乱丁本はお取替えします。